AF331144

ÉLÉMENS

DE LA

GRAMMAIRE FRANÇAISE

PAR LHOMOND,

Professeur-Emérite en l'Université de Paris.

Nouvelle Edition, corrigée avec soin,

à la suite de laquelle on a joint
en appendice

L'ANALYSE GRAMMATICALE ET LOGIQUE ;

LES RÈGLES DES PARTICIPES,
avec des exemples raisonnés de tous les cas possibles ;

Par M. VALPÊTRE, *Maître de Pension,*

Membre de l'Académie Grammaticale de Paris, Auteur de diver
Ouvrages d'Éducation.

Terminée par la Liste des mots où l'*H* est aspirée,
et la Table de Multiplication.

Prix : 90 cent. cartonnée.

PARIS.

J. MORONVAL, IMPRIMEUR-LIBRAIRE,

rue Galande, n° 65, près la rue S. Jacques.

1841

X 1226.
4 D 518.

10275

On trouve chez le même Libraire :

Premier Alphabet.
Second Alphabet en français.
Troisième Alphabet, in-16.
Quatrième Alphabet en français.
Alphabet Chrétien, in-18, 34 pag.
Alphabet des Enfans, in-18, fig.
Alphabet Chrétien, in-18, 108 p.
Alphabet Ingénieux, in-12.
Alphabets assortis à Figures.
Syllabaire Chrétien, in-18, 144 p.
Manuel Syllabique, in-12 de 132 p.
Catéchisme de Paris.
— Le même, avec Prières.
Catéchisme Historique.
Catéchisme des Fêtes de l'année.
Catéchisme de Versailles.
Elémens de la Grammaire Franç.
— La même, avec la Formation.
— La même, avec Arithmétique.
Questions de Grammaire Franç.
Epîtres et Evangiles.
Evangiles des Dimanches et Fêtes.
Abrégé de l'Ancien Testament.
Psautier de David.
L'Histoire de la Sainte Bible.
Les Devoirs du Chrétien.
Nouveaux Devoirs du Chrétien.
Doctrine Chrétienne.
Abrégé de l'Histoire Sainte.
La Civilité Puérile et Honnête.
Les Règles de la Bienséance.
Nouvelle Cacographie.
Corrigé de la Cacographie.
Mœurs des Israélites.
Petite Récompense de Piété.
Sentences placées dans les Classes.
Conduite des Ecoles Chrétiennes.
Examen de Conscience.
Transpareus pour les différentes
  sortes d'Ecritures.
Cantiques de Saint-Sulpice.
— Le même, avec musique.
Cantiques Spirituels.
Morale en Action.
Aventures de Télémaque.
Fables complètes de La Fontaine.
Les mêmes, volume in-12, relié.
Le Paroissien complet.
Petit Paroissien.
Etrennes Spirituelles.

La Journée du Chrétien.
Petite Journée du Chrétien.
Imitation de N.-S. J.-C.
Pensées Chrétiennes.
L'Office de l'Eglise en français.
Les Tableaux de la Messe.
Le Nouveau Testament de N.-S.
Nouvelle Grammaire Française.
Exercices Français.
Corrigé des Exercices Français.
Abrégé d'Arithmétique décimale.
Nouveau traité d'Arithmétique.
Réponses et Solutions.
Abrégé de Géométrie Pratique.
Nouvelle Architecture pratique.
Géographie Commerciale.
Géographie de Crozat, revue par
  de Foris.
Nouvelle Géographie élémentaire.
Petite Géographie élémentaire.
Dictionnaires Français.
Histoire de France, par M. de
  Foris, avec 73 portraits.
— La même, par Ed. Hocquart.
Petite Histoire de France.
Petit Atlas universel, 32 cartes.
Petit Manuel de l'Adolescence,
  par M. Valpêtre.
Elémens de la Grammaire Latine.
Epitome Historiæ sacræ.
De Viris Illustribus urbis Romæ.
Prosodie Latine.
Manuel de Santé.
Comptes faits de Barrême.
Manuel du Pétitionnaire.
Secrétaire Français.
Secrétaire de la Cour.
Conducteur de l'Etranger à Paris.
Conducteur Parisien.
Plan de Paris.
Tomes XI et XII du Cours d'A-
  griculture.
Le Parfait Vigneron.
Œuvres complètes de Tissot.
Dictionnaire de Chimie.
Cuisinière Bourgeoise.
Célidore enlevée par Astrée.
L'Ecolier Vertueux.
Vie de M. De La Salle.
Les Douze Vertus d'un bon Maître,

PRÉFACE DE LHOMOND.

C'est par la langue maternelle que doivent
commencer les études, dit M. Rollin. Les enfans
comprennent plus aisément les principes de la
Grammaire, quand ils les voient appliqués à une
langue qu'ils entendent déjà, et cette connaissance leur sert comme d'introduction aux langues
anciennes qu'on veut leur enseigner.

Nous avons de bonnes Grammaires françaises ;
mais je doute que l'on puisse porter un jugement
aussi favorable des Abrégés qui ont été faits pour
les Commençans. Les premiers élémens ne sau-
raient être trop simplifiés. Quand on parle à des
enfans, il y a une mesure de connaissances à
laquelle on doit se borner, parce qu'ils ne sont
pas capables d'en recevoir davantage.

Il est surtout important de ne pas leur présenter plusieurs objets à la fois : il faut, pour
ainsi dire, faire entrer dans leur esprit les idées
une à une, comme on introduit une liqueur
goutte à goutte dans un vase dont l'embou-
chure est étroite : si vous en versez trop en
même temps, la liqueur se répand, et rien
n'entre dans le vase. Il y a aussi un ordre à gar-
der ; cet ordre consiste principalement à ne pas
supposer des choses que vous n'avez pas encore
dites, et à commencer par les connaissances qui

ne dépendent point de celles qui suivent. Enfin, il
y a une manière de s'énoncer accommodée à leur
faiblesse : ce n'est point par des définitions abs-
traites qu'on leur fera connaître les objets dont
on leur parle, mais par des caractères sensibles,
et qui les rendent faciles à distinguer (1).

On sent que, pour exécuter ce plan, il faut
connaître les enfans. Appliqué pendant vingt années aux fonctions de l'instruction publique, j'ai
été à portée de les observer de près, de mesurer
leurs forces, de sentir ce qui leur convient : c'est
cette connaissance, que l'expérience seule peut
donner, qui m'a déterminé à composer des livres
élémentaires. Puisse l'exécution remplir l'unique
but que je me propose, celui d'être utile, et d'é-
pargner à cet âge aimable une partie des larmes
que les premières études font couler !

---

(1) Une définition présente une idée générale, qui suppose des
idées particulières ; et l'enfant n'ayant pas encore acquis ces idées
particulières, ne peut entendre la définition.

J'ai compris sous la dénomination de pronoms *adjectifs*, tous ceux
que l'on appelle *démonstratifs*, *possessifs*, etc., parce que l'enfant a
vu ce qui se nomme *adjectif*, et parce qu'il *convient de diminuer le
nombre des mots barbares* dans une Grammaire élémentaire.

ÉLÉMENS

DE

LA GRAMMAIRE FRANÇAISE.

INTRODUCTION.

LA Grammaire est l'art de parler et d'écrire correctement. Pour parler et pour écrire on emploie des mots : les mots sont composés de lettres.

Il y a deux sortes de lettres, les *voyelles* et les *consonnes*.

Les voyelles sont *a, e, i, o, u* et *y*. On les appelle *voyelles*, parce que, seules, elles forment une voix, un son.

Il y a trois sortes d'*e* : *e* muet, *é* fermé, *è* ouvert.

L'e *muet*, comme à la fin de ces mots, *homme, monde* : on l'appelle *muet*, parce que le son en est sourd et peu sensible.

L'é *fermé*, comme à la fin de ces mots, *bonté, café* : cet *é* se prononce la bouche presque fermée.

L'è *ouvert*, comme à la fin de ces mots, *procès, accès, succès :* pour bien prononcer cet *è*, il faut appuyer dessus, et desserrer les dents.

L'*y* grec s'emploie le plus souvent pour deux *ii*, comme dans *pays, moyen, joyeux :* prononcez *pai-is, moi-ien, joi-ieux* (1).

---

(1) L'exception n'a lieu que dans les mots tirés du grec, *hymne, Hippolyte, pyramide, etc.;* alors il se prononce comme l'*i* simple.

Il y a dix-huit consonnes, non compris la lettre *h*; savoir, *b, c, d, f, g, j, k, l, m, n, p, q, r, s, t, v, x, z*. Ces lettres s'appellent *consonnes*, parce qu'elles ne forment un son qu'avec le secours des voyelles, comme *ba, be, bi, bo, bu : ca, ce, ci, co, cu : da, de, di, do, du*, etc.

La lettre *h* ne se prononce pas dans certains mots, tels que l'h*omme*, l'h*onneur*, l'h*istoire*, etc. qu'on prononce comme s'il y avait l'*omme*, l'*onneur*, l'*istoire* sans *h*; alors on l'appelle *h muette*.

Mais dans les mots suivans, la *haine*, le *hameau*, le *héros*, la lettre *h* fait prononcer du gosier la voyelle qui suit; alors on l'appelle *h aspirée :* ainsi l'on écrit et l'on prononce séparément les deux mots *la haine*, et non pas *l'haine, les héros*, et non pas comme s'il y avait les *zhéros*.

Des Voyelles longues et brèves.

Les voyelles longues sont celles sur lesquelles on appuie plus long-temps que sur les autres en les prononçant.

Les voyelles *brèves* sont celles sur lesquelles on appuie moins long-temps.

Par exemple, *a* est long dans *pâte* pour faire du pain; il est bref dans *patte* d'animal.

e est long dans *tempête*, il est bref dans *trompette*.

i est long dans *gîte*, et bref dans *petite*.

o est long dans *apôtre*, et bref dans *dévote*.

u est long dans *flûte*, et bref dans *butte*.

Pour marquer les différentes sortes d'*e*, et les voyelles longues, on emploie trois petits signes que l'on appelle *accens ;* savoir l'accent aigu (′) qui se met sur les *é* fermés, *bonté :* l'accent grave (`) qui se met sur les *è* ouverts, *accès ;* et l'accent circonflexe (ˆ) qui se met sur la plupart des voyelles longues, *apôtre*.

Il y a en français dix sortes de mots qu'on appelle les *parties du Discours ;* savoir, le *Nom* ou *Substantif*, l'*Article*, l'*Adjectif*, le *Pronom*, le *Verbe*, le *Participe*, la *Préposition*, l'*Adverbe*, la *Conjonction* et l'*Interjection*.

CHAPITRE PREMIER.

PREMIÈRE ESPÈCE DE MOTS.

Le Nom.

Le Nom est un mot qui sert à nommer une personne ou une chose, comme *Pierre*, *Paul*, *Livre*, *Chapeau*.

Il y a deux sortes de noms, le nom *commun* et le nom *propre*.

Le nom *commun* est celui qui convient à plusieurs personnes, ou à plusieurs choses semblables; *homme*, *cheval*, *maison*, sont des noms communs; car le nom *homme* convient à Pierre, à Paul, etc.

Le nom *propre* est celui qui ne convient qu'à une seule personne ou à une seule chose, comme *Adam, Ève, Paris, la Seine*.

Dans les noms il faut considérer le *genre* et le *nombre*.

Il y a en français deux genres, le *masculin*, et le *féminin*. Les noms d'hommes ou de mâles sont du genre masculin, comme un *père*, un *lion* : les noms de femmes ou de femelles sont du genre féminin, comme une *mère*, une *lionne*. Ensuite, par imitation, l'on a donné le genre masculin ou le genre féminin à des choses qui ne sont ni mâles ni femelles, comme un *livre*, une *table*, le *soleil*, la *lune*.

Il y a deux nombres, le *singulier* et le *pluriel* : le singulier quand on parle d'une seule personne ou d'une seule chose, comme un *homme*, un *livre* : le pluriel, quand on parle de plusieurs personnes ou de plusieurs choses, comme *les hommes, les livres*.

Comment se forme le pluriel dans les noms.

RÈGLE GÉNÉRALE.

Pour former le pluriel, ajoutez *s* à la fin du nom : le *père*, les *pères*; la *mère*, les *mères*; le *livre*, les *livres*; la *table*, les *tables*.

Première remarque. Les noms terminés au singulier par *s*, *z*, *x*, n'ajoutent rien au pluriel : le *fils*, les *fils*; le *nez*, les *nez*; la *voix*, les *voix*.

Deuxième remarque. Les noms terminés au singulier par *au*, *eu*, *ou*, prennent *x* au pluriel : le *bateau*, les *bateaux*; le *feu*, les *feux*, le *caillou*, les *cailloux* (1).

Troisième remarque. La plupart des noms terminés au singulier par *al*, *ail*, font leur pluriel en *aux* : le *mal*, les *maux*; le *cheval*, les *chevaux*; le *travail*, les *travaux*. (Excepté *détails*, *éventails*, *portails*, *gouvernails*, *camails*, *épouvantails*.) *Aïeul*, *ciel*, *œil*, font au pluriel *aïeux*, *cieux*, *yeux*.

CHAPITRE II.

—

SECONDE ESPÈCE DE MOTS.

L'Article le, la, les

L'ARTICLE est un petit mot que l'on met devant les noms communs, et qui en fait connaître le genre et le nombre.

Nous n'avons qu'un article *le*, *la* au singulier; *les* au pluriel. *Le* se met devant un nom singulier masculin, *le père*; *la* se met devant un nom singulier féminin, *la mère*; *les* se met devant tous les noms pluriels, soit masculins, soit féminins, *les pères*, *les mères*. Ainsi l'on connaît qu'un nom est du genre masculin, quand on peut mettre *le* devant ce nom; on connaît qu'un nom est du genre féminin, quand on peut mettre *la*.

Il y a deux remarques à faire sur l'article.

Première remarque. On retranche *e* dans le mot *le*, on retranche *a* dans *la*, quand le mot suivant commence par une voyelle, ou une *h* muette.

Ainsi on dit *l'argent* pour *le argent*, *l'histoire* pour *la*

---

(1) On dit et on écrit : le *clou*, les *clous*; le *trou*, les *trous*; un *œil bleu*, des *yeux bleus*, etc. Mais les exceptions s'apprennent par l'usage, et dans un livre élémentaire il serait déplacé de vouloir les indiquer toutes : celles de la troisième remarque surtout sont très-difficiles et au-dessus de la portée des enfans.

histoire ; mais alors on met à la place de la lettre retranchée cette petite figure (') qu'on appelle *apostrophe.* *Voyez* Chap. xi, *de l'Orthographe,* page 57.

Deuxième remarque. Pour joindre un nom à un mot précédent, on met *de* ou *à* devant ce nom ; *fruit de l'arbre, utile à l'homme.*

Alors, au lieu de mettre *de le* devant un nom masculin singulier qui commence par une consonne, on met *du.*

Au lieu de *à le,* on met *au.*

Devant un nom pluriel, *de les* se change en *des ; à les* se change en *aux.*

Exemples.

SINGULIER MASCULIN.	PLURIEL MASCULIN.
le Père.	*les* Pères.
Maison *du* Père, pour *de le* Père.	Maison *des* Pères, pour *de les* Pères.
Je plais *au* Père, pour *à le* Père.	Je plais *aux* Pères, pour *à les* Pères.

Au contraire, *de* et *à* devant *la* ne se changent jamais.

SINGULIER FÉMININ.	PLURIEL FÉMININ.
la Mère.	*les* Mères.
de la Mère.	*des* Mères, pour *de les* Mères.
à la Mère.	*aux* Mères, pour *à les* Mères

CHAPITRE III.

TROISIÈME ESPÈCE DE MOTS.

L'Adjectif.

L'ADJECTIF est un mot que l'on ajoute au nom pour marquer la qualité d'une personne ou d'une chose, comme *bon* père, *bonne* mère ; *beau* livre, *belle* image : ces mots, *bon, bonne, beau, belle,* sont des adjectifs joints aux noms *père, mère,* etc.

On connaît qu'un mot est adjectif, quand on peut y joindre le mot *personne* ou *chose :* ainsi *habile, agréable,* sont des adjectifs, parce qu'on peut dire *personne habile, chose agréable.*

Les adjectifs ont les deux genres, *masculin* et *féminin.*

1.

Cette différence de genre se marque ordinairement par la dernière lettre.

Comment se forme le féminin dans les adjectifs français.

RÈGLE GÉNÉRALE. Quand un adjectif ne finit point par un *e* muet, on y ajoute un *e* muet pour former le féminin : *prudent, prudente; saint, sainte; méchant, méchante; petit, petite; grand, grande; poli, polie; vrai, vraie,* etc.

EXCEPTIONS. *Première exception.* Les adjectifs suivans, *cruel, pareil, fol, mol, ancien, bon, gras, gros, nul, net, sot, épais,* etc. doublent au féminin leur dernière consonne avec l'e muet : *cruelle, pareille, folle, molle, ancienne, bonne, grasse, grosse, nulle, nette, sotte, épaisse.*

Beau et *nouveau* font au féminin *belle, nouvelle,* parce qu'au masculin on dit aussi *bel, nouvel,* devant une voyelle ou une *h* muette, *bel oiseau, bel homme, nouvel appartement.*

Deuxième exception. Blanc, franc, sec, frais, font au féminin, *blanche, franche, sèche, fraîche.*

Public, caduc, font *publique, caduque.*

Troisième exception. Les adjectifs *bref, naïf* en changeant *f* en *v,* font au féminin *brève, naïve; long* fait *longue.*

Quatrième exception. Malin, bénin, font *maligne, bénigne.*

Cinquième exception. Les adjectifs en *eur* font ordinairement leur féminin en *euse : trompeur, trompeuse; parleur, parleuse; chanteur, chanteuse :* cependant *pécheur* fait *pécheresse; acteur* fait *actrice; protecteur, protectrice.*

Sixième exception. Les adjectifs terminés en *x* changent l'*x* en *se : dangereux, dangereuse; honteux, honteuse; jaloux, jalouse,* etc. Cependant *doux* fait *douce, oux* fait *rousse.*

Comment se forme le pluriel.

Le pluriel dans les adjectifs se forme comme dans les noms en ajoutant *s* à la fin : *bon*, *bonne* : au pluriel *bons*, *bonnes*, etc.

Mais la plupart des adjectifs qui finissent par *al*, n'ont pas de pluriel masculin, comme *filial*, *fatal*, *frugal*, *pascal*, *pastoral*, *naval*, *trivial*, *vénal*, *littéral*, *conjugal*, *austral*, *boréal*, *final*.

ACCORD DES ADJECTIFS AVEC LES NOMS.

Règle. Tout adjectif doit être du même genre et du même nombre que le nom auquel il se rapporte.

Exemples. Le bon père, la bonne mère : bon est du masculin et au singulier, parce que *père* est du masculin et au singulier ; *bonne* est du féminin et au singulier, parce que *mère* est du féminin et au singulier.

De beaux jardins, de belles fleurs : beaux est du masculin et au pluriel, parce que *jardins* est du masculin et au pluriel, etc.

Quand un adjectif se rapporte à deux noms singuliers, on met cet adjectif au pluriel, parce que deux singuliers valent un pluriel.

Exemple. Le roi et le berger sont égaux *après la mort* (et non pas *égal*).

Si les deux noms sont de différens genres, on met l'adjectif au masculin.

Exemple. Mon père et ma mère sont contens (et non pas *contentes*).

Quant à la place des adjectifs, il y en a qui se mettent devant le nom , comme *beau* jardin, *grand* arbre , etc. D'autres se mettent après le nom, comme *habit* rouge, *table* ronde, etc. L'usage est le seul guide à cet égard.

RÉGIME DES ADJECTIFS (1)

Règle. Pour joindre un nom à un adjectif précédent, on

---

(1) La manière d'accorder un mot avec un autre mot ou de faire régir un mot par un autre mot, s'appelle la *syntaxe :* ainsi la syntaxe est la manière de joindre les mots ensemble. Il y a deux sortes de syntaxe : la syntaxe d'*accord*, par laquelle on fait accorder deux mots en genre, en nombre, etc. ; la syntaxe de *régime,* par laquelle un mot régit *de* ou *à* devant un autre mot.

met *de* ou *à* entre cet adjectif et le nom : alors on appelle ce nom le *régime* de l'adjectif.

Exemple. *Digne de récompense, content de son sort, utile à l'homme, semblable à son père, propre à la guerre. Récompense* est le régime de l'adjectif *digne,* parce qu'il est joint à cet adjectif par le mot *de.* *L'homme* est le régime de l'adjectif *utile,* parce qu'il est joint à cet adjectif par le mot *à.*

Degrés de signification dans les Adjectifs.

On distingue dans les adjectifs trois degrés de signification, le *positif,* le *comparatif,* et le *superlatif.*

Le *positif* n'est autre chose que l'adjectif même, comme *beau, belle, agréable.*

Le *comparatif,* c'est l'adjectif avec comparaison : quand on compare deux choses, on trouve que l'une est ou supérieure à l'autre, ou inférieure à l'autre, ou égale à l'autre.

Pour marquer un comparatif de *supériorité,* on met *plus* devant l'adjectif, comme *la rose est* plus *belle que la violette.*

Pour marquer un comparatif *d'infériorité,* l'on met *moins* devant l'adjectif, comme *la violette est* moins *belle que la rose.*

Pour marquer un comparatif *d'égalité,* on met *aussi* devant l'adjectif, comme *la rose est* aussi *belle que la tulipe.*

Le mot *que* sert à joindre les deux choses que l'on compare.

Nous avons trois adjectifs qui expriment seuls une comparaison : *meilleur,* au lieu de *plus bon,* qui ne se dit pas ; *moindre,* au lieu de *plus petit* ; *pire,* au lieu de *plus mauvais* : comme *la vertu est* meilleure *que la science, le mensonge est* pire *que l'indocilité.*

L'adjectif est au *superlatif* quand il exprime la qualité dans un très-haut degré, ou dans le plus haut degré. Pour former le superlatif on met *très,* ou *le plus,* devant l'adjectif, comme *Paris est une très-belle ville,* et alors le superlatif s'appelle *absolu* ; ou *Paris est* la plus *belle des villes;* et ce superlatif s'appelle *relatif,* parce qu'il marque un rapport aux autres villes.

Noms et Adjectifs de nombre.

Les noms de nombre sont ceux dont on se sert pour compter.

Il y en a de deux sortes : les noms de nombre *cardinaux*, et les noms de nombre *ordinaux.*

Les noms de nombre *cardinaux* sont *un, deux, trois, quatre, cinq, six, sept, huit, neuf, dix, onze, douze, treize, quatorze, quinze, seize, dix-sept, dix-huit, dix-neuf, vingt, trente, quarante, cinquante, soixante, quatre-vingts, cent, mille,* etc.

Les noms de nombre *ordinaux* se forment des cardinaux : ces noms sont *premier, second, troisième, quatrième, cinquième, sixième, septième, huitième, neuvième, dixième,* etc.

Il y a encore des noms de nombre qui servent à marquer une certaine quantité, comme une *dizaine,* une *douzaine,* etc.

Il y en a encore d'autres qui marquent les parties d'un tout, comme la *moitié,* le *tiers,* le *quart,* etc.

Enfin il y en a qui servent à multiplier, comme le *double,* le *triple,* etc.

CHAPITRE IV.

—

QUATRIÈME ESPÈCE DE MOTS.

Du Pronom.

LE PRONOM est un mot qui tient la place du nom.

Pronoms personnels.

Les Pronoms *personnels* sont ceux qui désignent les personnes.

Il y a trois personnes : la première personne est celle qui parle, la seconde personne est celle à qui l'on parle, la troisième personne est celle de qui l'on parle.

Pronom de la première personne.

Ce pronom est des deux genres : masculin, si c'est un homme qui parle; féminin, si c'est une femme.

EXEMPLES.

SINGULIER.   Je *ou* moi.

Me *pour* à moi, moi.   { Le maître me *donnera un livre;* c'est-à-dire *donnera* à moi. Le maître me regarde; c'est-à-dire *regarde* moi.

PLURIEL.   Nous.

Pronom de la seconde personne.

Il est des deux genres : masculin, si c'est à un homme qu'on parle; féminin, si c'est à une femme.

EXEMPLES.

SINGULIER.   Tu *ou* toi.

Te *pour* à toi, toi.   { Le maître te *donnera un livre;* c'est-à-dire *donnera* à toi. Le maître te regarde; c'est-à-dire *regarde* toi.

PLURIEL.   Vous.

Remarque. Par politesse on dit *vous* au lieu de *tu* au singulier ; par exemple, en parlant à un enfant : *vous* êtes bien aimable.

Pronom de la troisième personne.

EXEMPLES.

SINGULIER. *Masculin*, Il. *Féminin*, Elle.

Lui *pour* à lui, à elle.   { *Je* lui *dois de l'estime ;* c'est-à-dire *je dois* à lui, à elle.

Masculin, Le.   { *Je le connais ;* c'est-à-dire *je connais* lui.

Féminin, La.   { *Je la connais;* c'est-à-dire *je connais* elle.

PLURIEL. *Masculin*, Ils *ou* Eux. *Féminin*, Elles.

Leur *pour* à eux, à elles. { *Je* leur *dois le respect*; c'est-à-dire . *je dois* à eux, à elles.

Les *pour* eux, elles. { *Je* les *connais* ; c'est-à-dire *je connais* eux, elles.

Il y a encore un pronom de la troisième personne, *soi*, *se*; il est des deux genres et des deux nombres : on l'appelle *pronom réfléchi*, parce qu'il marque le rapport d'une personne à elle-même.

EXEMPLES.

De Soi.

Se *pour* à soi, soi. { *Il* se *donne des louanges*; c'est-à-dire *il donne* à soi.
{ *Il* se *flatte* ; c'est-à-dire *il flatte* soi.

Il y a deux mots qui servent de pronoms;

Savoir : 1° *En*, qui signifie *de lui*, *d'elle*, *d'eux*, *d'elles* : ainsi, quand on dit, *j'en parle*, on peut entendre, *je parle* de lui, d'elle, etc. selon la personne ou la chose dont le nom a été exprimé auparavant.

2° *Y*, qui signifie *à cette chose*, *à ces choses*; comme quand on dit, *je m'y applique*, c'est-à-dire *je m'applique* à cette chose, à ces choses.

Règle des Pronoms.

Les pronoms *il*, *elle*, *ils*, *elles*, doivent toujours être du même genre et du même nombre que le nom dont ils tiennent la place : ainsi, en parlant de la tête, dites : elle *me fait mal; elle*, parce que ce pronom se rapporte à *tête*, qui est du féminin et au singulier; et en parlant de plusieurs jardins, dites : ils *sont beaux; ils*, parce que ce pronom se rapporte à *jardins*, qui est du masculin et au pluriel.

Pronoms adjectifs possessifs.

Il y a des pronoms adjectifs qui marquent la possession d'une chose, comme *mon* livre, *votre* cheval, *son* chapeau; c'est-à-dire le livre *qui est à moi*, le cheval *qui est à vous*, le chapeau *qui est à lui*.

SINGULIER.		PLURIEL.
Masculin.	*Féminin.*	*Des deux genres.*
Mon.	Ma.	Mes.
Ton.	Ta.	Tes.
Son.	Sa.	Ses.

Des deux genres.

Notre, Votre, Leur.	Nos, Vos, Leurs.

Première remarque. Ces pronoms sont toujours joints à un nom : *mon livre, ton chapeau.*

Deuxième remarque. Mon, ton, son, s'emploient au féminin devant une voyelle ou une *h* muette : on dit (**1**) *mon âme* pour *ma âme ; ton humeur,* pour *ta humeur ; son épée* pour *sa épée.*

Autre Pronom possessif.

SINGULIER.		PLURIEL.	
Masculin.	*Féminin.*	*Masculin.*	*Féminin.*
Le Mien.	La Mienne.	Les Miens.	Les Miennes.
Le Tien.	La Tienne.	Les Tiens.	Les Tiennes.
Le Sien.	La Sienne.	Les Siens.	Les Siennes.
Le Nôtre.	La Nôtre.	*Des deux genres.*	
Le Vôtre.	La Vôtre.		
Le Leur.	La Leur.	Les Nôtres, Les Vôtres, Les Leurs.	

2° Il y a des pronoms adjectifs démonstratifs qui servent à montrer la chose dont on parle ; comme quand je dis : *ce* livre, *cette* table, je montre un *livre,* une *table.*

SINGULIER.		PLURIEL.	
Masculin.	*Féminin.*	*Masculin.*	*Féminin.*
(2) Ce, Cet.	Cette.	Ces.	Ces.
Celui.	Celle.	Ceux.	Celles.
Celui-ci.	Celle-ci.	Ceux-ci.	Celles-ci.
Celui-là.	Celle-là	Ceux-là.	Celles-là.
Ceci. —Cela.			

---

(1) On dit de même, *viendra-t-il,* pour *viendra-il ? si l'on,* pour *si on :* cette manière de s'exprimer n'est que pour rendre la pronon ciation plus douce.

(2) Ces mots : *ce, cet, cette, ces,* sont des adjectifs démonstratifs,

Remarque. On met *ce* devant les noms qui commencent par une consonne ou une *h* aspirée : *ce village, ce hameau :* on met *cet* devant une voyelle ou une *h* muette : *cet oiseau, cet* homme.

Celui-ci, celle-ci, s'emploient pour montrer des choses qui sont proches : *celui-là, celle-là,* pour montrer des choses éloignées.

3° Il y a des pronoms *relatifs,* c'est-à-dire qui ont rapport à un nom qui est devant, comme quand je dis : *Dieu* qui *a créé le monde, qui* se rapporte à *Dieu ; le livre* que *je lis, que* se rapporte à *livre.* Le mot auquel *qui* ou *que* se rapporte, s'appelle *antécédent.* Dans les deux exemples ci-dessus, *Dieu* est l'antécédent du pronom relatif *qui ; livre* est l'antécédent du pronom relatif *que.*

Pronom relatif.

Qui.
Dont *ou* de qui. } *Des deux genres et des deux nombres.*
Que.

Règle du Qui ou Que relatif.

Qui ou *que relatif* s'accorde avec son antécédent en *genre,* en *nombre* et en *personne :* ainsi dans cet exemple : *l'enfant* qui *joue, qui* est du singulier et de la troisième personne, parce que *l'enfant* est du singulier et de la troisième personne ; il est du masculin, si c'est un petit garçon qui joue ; il est du féminin, si c'est une petite fille.

4° Il y a des pronoms *interrogatifs : qui? que? quel? quelle?* comme quand on dit : qui *a fait cela?* que *vous dirai-je? Qui* ou *que* est interrogatif, quand il n'a point d'antécédent, et qu'on peut le tourner par *quelle personne?* ou *quelle chose?* Dans les deux exemples ci-dessus on peut dire : *quelle personne* a fait cela? *quelle chose* vous dirai-je?

Pronoms indéfinis, c'est-à-dire qui signifient d'une manière générale.

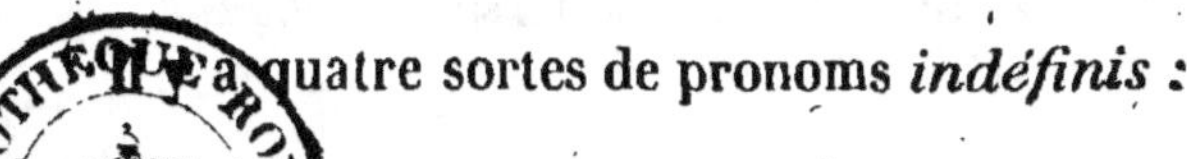

Il y a quatre sortes de pronoms *indéfinis :*

BIBLIOTHÈQUE ROYALE

1º Ceux qui ne se joignent jamais à un nom, comme : *on*, *quelqu'un*, *quelqu'une*, *quiconque*, *chacun*, *chacune*, *autrui*, *personne*, *rien*. Quand je dis : on *frappe à la porte*, quelqu'un *vous appelle*, je parle d'une personne, mais je ne désigne pas laquelle.

2º Ceux qui sont toujours joints à un nom, comme *quelque*, *chaque*, *quelconque*, *certain*, *certaine*. Exemples : quelque *nouvelle*, certain *auteur*.

3º Ceux qui sont tantôt joints à un nom, et tantôt seuls, comme *nul*, *nulle*; *aucun*, *aucune*; *l'un*, *l'autre*; *même*; *tel*, *telle*; *plusieurs*; *tout*, *toute*.

4º Ceux qui sont suivis de *que*, comme *qui* que ce soit, *quoi* que ce soit, *quel*, *quelle que*; par exemple : *quel* que soit votre mérite, *quelle* que soit votre fortune. *Quoi que*; par exemple : *quoi* que vous fassiez. *Quelque... que*; par exemple : *quelques* richesses que vous ayez. *Tout.... que*, *toute... que*; par exemple : *tout* savant que vous êtes, la campagne *toute* belle qu'elle est.

CHAPITRE V.

—

CINQUIÈME ESPÈCE DE MOTS.

Le Verbe.

Le Verbe est un mot dont on se sert pour exprimer que l'on est, ou que l'on fait quelque chose : ainsi le mot *être*, *je suis*, est un verbe; le mot *lire*, *je lis*, est un verbe.

On connaît un verbe en français quand on peut y ajouter ces pronoms, *je*, *tu*, *il*, *nous*, *vous*, *ils*; comme je *lis*, tu *lis*, il *lit*, nous *lisons*, vous *lisez*, ils *lisent*.

Les pronoms *je*, *nous*, marquent la première personne, c'est-à-dire celle qui parle; *tu*, *vous*, marquent la seconde personne, c'est-à-dire celle à qui l'on parle; *il*, *elle*, *ils*, *elles*, et tout nom placé devant un verbe, marquent la troisième personne, c'est-à-dire celle de qui l'on parle.

Il y a dans les verbes deux nombres : le *singulier* quand on parle d'une seule personne, comme *je lis*, *l'enfant dort*; le *pluriel*, quand on parle de plusieurs personnes, comme *nous lisons*, *les enfans dorment*.

Il y a trois temps : le *présent*, qui marque que la chose est ou se fait actuellement, comme *je lis ;* le *passé* ou *prétérit*, qui marque que la chose a été faite, comme *j'ai lu ;* le *futur*, qui marque que la chose sera ou se fera, comme *je lirai.*

On distingue plusieurs sortes de prétérits ou passés, savoir, un *imparfait*, *je lisais ;* trois *parfaits*, *je lus*, *j'ai lu*, *j'eus lu ;* et un *plus-que-parfait*, *j'avais lu.*

On distingue aussi deux futurs : le futur simple, *je lirai ;* et le futur passé *j'aurai lu.*

Il y a cinq modes ou manières de signifier dans les verbes français.

1° *L'indicatif*, quand on affirme que la chose est, ou qu'elle a été, ou qu'elle sera.

2° Le *conditionnel*, quand on dit qu'une chose serait, ou qu'elle aurait été, moyennant une condition.

3° *L'impératif*, quand on commande de la faire.

4° Le *subjonctif*, quand on souhaite, ou qu'on doute qu'elle se fasse.

5° *L'infinitif*, qui exprime l'action ou l'état en général, sans nombre ni personne, comme *lire*, *être.*

Réciter de suite les différens modes d'un verbe avec tous leurs temps, leurs nombres et leurs personnes, cela s'appelle *conjuguer.*

Il y a en français quatre conjugaisons différentes, **que** l'on distingue par la terminaison de l'infinitif.

La première conjugaison a l'infinitif terminé en *er*, comme *aimer.*

La seconde a l'infinitif terminé en *ir*, comme *finir.*

La troisième a l'infinitif terminé en *oir*, comme *recevoir.*

La quatrième a l'infinitif terminé en *re*, comme *rendre.*

Il y a deux verbes que l'on nomme *auxiliaires*, parce qu'ils aident à conjuguer tous les autres ; nous commencerons par ces deux verbes.

———

VERBE AUXILIAIRE *AVOIR.*

INDICATIF.
PRÉSENT.

Sing. J'ai.
    Tu as (1).
    Il *ou* elle a.
Plur. Nous avons.
    Vous avez.
    Ils *ou* elles ont.

IMPARFAIT.

J'avais.
Tu avais.
Il avait.
Nous avions.
Vous aviez.
Ils *ou* elles avaient.

PRÉT. DÉFINI (2).

J'eus.
Tu eus.
Il eut.
Nous eûmes.
Vous eûtes.
Ils eurent.

PRÉTÉR. INDÉFINI.

J'ai eu.
Tu as eu.
Il a eu.
Nous avons eu.
Vous avez eu.
Ils ont eu.

PRÉT. ANTÉRIEUR.

J'eus eu.
Tu eus eu.
Il eut eu.
Nous eûmes eu.
Vous eûtes eu.
Ils eurent eu.

PLUS-QUE-PARFAIT.

J'avais eu.
Tu avais eu.
Il avait eu.
Nous avions eu.
Vous aviez eu.
Ils avaient eu.

FUTUR.

J'aurai.
Tu auras.
Il aura.
Nous aurons.
Vous aurez.
Ils auront.

FUTUR PASSÉ.

J'aurai eu.
Tu auras eu.
Il aura eu.
Nous aurons eu.
Vous aurez eu.
Ils auront eu.

CONDITIONNELS.
PRÉSENT.

J'aurais.
Tu aurais.
Il aurait.
Nous aurions.
Vous auriez.
Ils auraient.

PASSÉ.

J'aurais eu.
Tu aurais eu.
Il aurait eu.
Nous aurions eu.
Vous auriez eu.
Ils auraient eu.

On dit aussi; j'eusse eu, tu eusses eu, il eût eu, nous eussions eu, vous eussiez eu, ils eussent eu.

IMPÉRATIF.

Point de première personne.

Aie.
Qu'il ait.
Ayons.
Ayez.
Qu'ils aient.

SUBJONCTIF.
PRÉSENT ou FUTUR.

Que j'aie.
Que tu aies.
Qu'il ait.
Que nous ayons.
Que vous ayez.
Qu'ils aient.

IMPARFAIT.

Que j'eusse.
Que tu eusses.
Qu'il eût.
Que nous eussions.
Que vous eussiez.
Qu'ils eussent.

PRÉTÉRIT.

Que j'aie eu.
Que tu aies eu.
Qu'il ait eu.
Que nous ayons eu.
Que vous ayez eu.
Qu'ils aient eu.

---

(1) Toutes les secondes personnes du singulier ont une *s* à la fin.

(2) On appelle prétérit *défini* celui qui marque un temps entièrement passé. Exemple : *j'eus hier la fièvre.* On appelle prétérit *indéfini,* celui qui marque un temps dont il peut rester encore quelque partie à s'écouler. Exemple : *j'ai eu la fièvre aujourd'hui.* On appelle prétérit *antérieur,* celui qui marque une chose faite avant une autre. Exemple : *dès que nous eûmes vu la fête, nous partîmes.*

PLUS-QUE-PARFAIT.	INFINITIF.	PARTICIPES.
	PRÉSENT.	**PRÉSENT.**
Que j'eusse eu.		Ayant.
Que tu eusses eu.	Avoir.	**PASSÉ.**
Qu'il eût eu.		Eu, eue, ayant eu.
Que nous eussions eu.	**PRÉTÉRIT.**	**FUTUR.**
Que vous eussiez eu.	Avoir eu.	Devant avoir.
Qu'ils eussent eu.		

VERBE AUXILIAIRE *ÊTRE.*

INDICATIF.
PRÉSENT.
Je suis.
Tu es.
Il *ou* elle est.
Nous sommes.
Vous êtes.
Ils *ou* elles sont.

IMPARFAIT.
J'étais.
Tu étais.
Il *ou* elle était.
Nous étions.
Vous étiez.
Ils *ou* elles étaient.

PRÉTÉRIT DÉFINI.
Je fus.
Tu fus.
Il fut.
Nous fûmes.
Vous fûtes.
Ils furent.

PRÉTÉR. INDÉFINI.
J'ai été.
Tu as été.
Il a été.
Nous avons été.
Vous avez été.
Ils ont été.

PRÉTÉR. ANTÉR.
J'eus été.
Tu eus été
Il eut été.
Nous eûmes été.
Vous eûtes été.
Ils eurent été.

PLUS-QUE-PARF.
J'avais été.
Tu avais été.
Il avait été.
Nous avions été.
Vous aviez été.
Ils avaient été.

FUTUR.
Je serai.
Tu seras.
Il sera.
Nous serons.
Vous serez.
Ils seront.

FUTUR PASSÉ.
J'aurai été.
Tu auras été.
Il aura été.
Nous aurons été.
Vous aurez été.
Ils auront été.

CONDITIONNELS.
PRÉSENT.
Je serais.
Tu serais.
Il serait.
Nous serions.
Vous seriez.
Ils seraient.

PASSÉ.
J'aurais été.
Tu aurais été.
Il aurait été.
Nous aurions été.
Vous auriez été.
Ils auraient été.

On dit aussi : *j'eusse été, tu eusses été, il eût été, nous eussions été, vous eussiez été, ils eussent été.*

IMPÉRATIF.
Point de première personne.
Sois.
Qu'il soit.
Soyons.
Soyez.
Qu'ils soient.

SUBJONCTIF.
PRÉSENT.
Que je sois.
Que tu sois.
Qu'il soit.
Que nous soyons.
Que vous soyez.
Qu'ils soient.

IMPARFAIT.
Que je fusse.
Que tu fusses.
Qu'il fût.
Que nous fussions.
Que vous fussiez.
Qu'ils fussent.

PRÉTÉRIT.
Que j'aie été.
Que tu aies été.
Qu'il ait été.
Que nous ayons été.
Que vous ayez été.
Qu'ils aient été.

PLUS-QUE-PARF.	INFINITIF.	PARTICIPES.
Que j'eusse été.	**PRÉSENT.**	**PRÉSENT.**
Que tu eusses été.		Étant.
Qu'il eût été.	Être.	**PASSÉ.**
Que nous eussions été.	**PRÉTÉRIT.**	Été, ayant été.
Que vous eussiez été.		**FUTUR.**
Qu'ils eussent été.	Avoir été.	Devant être.

PREMIÈRE CONJUGAISON,

En *er*.

INDICATIF.
PRÉSENT.
J'aime.
Tu aimes.
Il *ou* elle aime.
Nous aimons.
Vous aimez.
Ils *ou* elles aiment.

IMPARFAIT.
J'aimais.
Tu aimais.
Il *ou* elle aimait.
Nous aimions.
Vous aimiez.
Ils *ou* elles aimaient.

PRÉTÉRIT DÉFINI.
J'aimai.
Tu aimas.
Il aima.
Nous aimâmes.
Vous aimâtes.
Ils aimèrent.

PRÉT. INDÉFINI.
J'ai aimé.
Tu as aimé.
Il a aimé.
Nous avons aimé.
Vous avez aimé.
Ils ont aimé.

PRÉT. ANTÉRIEUR.
J'eus aimé.
Tu eus aimé.
Il eut aimé.

Nous eûmes aimé.
Vous eûtes aimé.
Ils eurent aimé (1)

PLUS-QUE-PARF.
J'avais aimé.
Tu avais aimé.
Il avait aimé.
Nous avions aimé.
Vous aviez aimé.
Ils avaient aimé.

FUTUR.
J'aimerai.
Tu aimeras.
Il aimera.
Nous aimerons.
Vous aimerez.
Ils aimeront.

FUTUR PASSÉ.
J'aurai aimé.
Tu auras aimé.
Il aura aimé.
Nous aurons aimé.
Vous aurez aimé.
Ils auront aimé.

CONDITIONNELS.
PRÉSENT.
J'aimerais.
Tu aimerais.
Il aimerait.
Nous aimerions.
Vous aimeriez.
Ils aimeraient.

PASSÉ.
J'aurais aimé.
Tu aurais aimé.
Il aurait aimé.
Nous aurions aimé.
Vous auriez aimé.
Ils auraient aimé.

On dit aussi : *j'eusse aimé, tu eusses aimé, il eût aimé, nous eussions aimé, vous eussiez aimé, ils eussent aimé.*

IMPÉRATIF.
Point de première personne.
Aime.
Qu'il aime.
Aimons.
Aimez.
Qu'ils aiment.

SUBJONCTIF.
PRÉSENT ou FUTUR.
Que j'aime.
Que tu aimes.
Qu'il aime.
Que nous aimions.
Que vous aimiez.
Qu'ils aiment.

IMPARFAIT.
Que j'aimasse.
Que tu aimasses.

---

(1) Il y a un quatrième prétérit, dont on se sert rarement. Le voici : J'ai eu aimé, tu as eu aimé, il a eu aimé, nous avons eu aimé, vous avez eu aimé, ils ont eu aimé.

Qu'il aimât.
Que nous aimassions.
Que vous aimassiez.
Qu'ils aimassent.

PRÉTÉRIT.

Que j'aie aimé.
Que tu aies aimé.
Qu'il ait aimé.
Que nous ayons aimé.
Que vous ayez aimé.
Qu'ils aient aimé.

PLUS-QUE-PARF.

Que j'eusse aimé.
Que tu eusses aimé.
Qu'il eût aimé.
Que nous eussions aimé.
Que vous eussiez aimé.
Qu'ils eussent aimé.

INFINITIF.

PRÉSENT.

Aimer.

PRÉTÉRIT.

Avoir aimé.

PARTICIPES.

PRÉSENT.

Aimant.

PASSÉ.

Aimé, aimée, ayant aimé.

FUTUR.

Devant aimer.

Ainsi se conjuguent les verbes *chanter*, *danser*, *manger*, *appeler*, et tous ceux dont l'infinitif se termine en *er*.

SECONDE CONJUGAISON,

En *ir*.

INDICATIF.

PRÉSENT.

Je finis.
Tu finis.
Il finit.
Nous finissons.
Vous finissez.
Ils finissent.

IMPARFAIT.

Je finissais.
Tu finissais.
Il finissait.
Nous finissions.
Vous finissiez.
Ils finissaient.

PRÉTÉRIT DÉFINI.

Je finis.
Tu finis.
Il finit.
Nous finîmes.
Vous finîtes.
Ils finirent.

PRÉTÉR. INDÉFINI.

J'ai fini.
Tu as fini.
Il a fini.
Nous avons fini.
Vous avez fini.
Ils ont fini.

PRÉT. ANTÉRIEUR.

J'eus fini.
Tu eus fini.
Il eut fini.
Nous eûmes fini.
Vous eûtes fini.
Ils eurent fini (1).

PLUS-QUE-PARF.

J'avais fini.
Tu avais fini.
Il avait fini.
Nous avions fini.
Vous aviez fini.
Ils avaient fini.

FUTUR.

Je finirai.
Tu finiras.
Il finira.
Nous finirons.
Vous finirez.
Ils finiront.

FUTUR PASSÉ.

J'aurai fini.
Tu auras fini.
Il aura fini.
Nous aurons fini.
Vous aurez fini.
Ils auront fini.

CONDITIONNELS.

PRÉSENT.

Je finirais.
Tu finirais.
Il finirait.
Nous finirions.
Vous finiriez.
Ils finiraient.

---

(1) Il y a un quatrième prétérit, mais on s'en sert rarement. Le voici : J'ai eu fini, tu as eu fini, il a eu fini, nous avons eu fini, vous avez eu fini, ils ont eu fini.

PASSÉ.

J'aurais fini.
Tu aurais fini.
Il aurait fini.
Nous aurions fini.
Vous auriez fini.
Ils auraient fini.

On dit aussi : *j'eusse fini, tu eusses fini, il eût fini, nous eussions fini, vous eussiez fini, ils eussent fini.*

IMPÉRATIF.

Point de première personne.

Finis.
Qu'il finisse.
Finissons.
Finissez.
Qu'ils finissent.

SUBJONCTIF.

PRÉSENT ou FUTUR.

Que je finisse.
Que tu finisses.
Qu'il finisse.
Que nous finissions.
Que vous finissiez.
Qu'ils finissent.

IMPARFAIT.

Que je finisse.
Que tu finisses.
Qu'il finît.
Que nous finissions.
Que vous finissiez.
Qu'ils finissent.

PRÉTÉRIT.

Que j'aie fini.
Que tu aies fini.
Qu'il ait fini.
Que nous ayons fini.
Que vous ayez fini.
Qu'ils aient fini.

PLUS-QUE-PARF.

Que j'eusse fini.
Que tu eusses fini.
Qu'il eût fini.
Que nous eussions fini.
Que vous eussiez fini.
Qu'ils eussent fini.

INFINITIF.

PRÉSENT.

Finir.

PRÉTÉRIT.

Avoir fini.

PARTICIPES.

PRÉSENT.

Finissant.

PASSÉ.

Fini, finie, ayant fini.

FUTUR.

Devant finir.

Ainsi se conjuguent *avertir, guérir, ensevelir, bénir;* mais ce dernier a deux participes; *bénit, bénite,* pour les choses consacrées par les prières des prêtres; *béni, bénie,* partout ailleurs. *Haïr;* mais ce verbe fait au présent de l'indicatif, je *hais,* tu *hais,* il *hait;* on prononce, je *hès,* tu *hès,* il *hèt.*

TROISIÈME CONJUGAISON,

EN *oir.*

INDICATIF.

PRÉSENT.

Je reçois.
Tu reçois.
Il reçoit.
Nous recevons.
Vous recevez.
Ils reçoivent.

IMPARFAIT.

Je recevais.
Tu recevais.
Il recevait.
Nous recevions.
Vous receviez.
Ils recevaient.

PRÉTÉRIT DÉFINI.

Je reçus.
Tu reçus.
Il reçut.
Nous reçûmes.
Vous reçûtes.
Ils reçurent.

PRÉTÉR. INDÉF.

J'ai reçu.
Tu as reçu.
Il a reçu.
Nous avons reçu.
Vous avez reçu.
Ils ont reçu.

PRÉTER. ANTÉR.

J'eus reçu.
Tu eus reçu.
Il eut reçu.
Nous eûmes reçu.

ous eûtes reçu.
eurent reçu (1).

PLUS-QUE-PARF.

avais reçu.
avais reçu.
avait reçu.
ous avions reçu.
ous aviez reçu.
avaient reçu.

FUTUR.

recevrai.
recevras.
recevra.
us recevrons.
us recevrez.
recevront.

FUTUR PASSÉ.

urai reçu.
auras reçu.
ura reçu.
s aurons reçu.
s aurez reçu.
auront reçu.

NDITIONNELS.

PRÉSENT.

ecevrais.
ecevrais.
cevrait
s recevrions.
s recevriez.
ecevraient.

PASSÉ.

J'aurais reçu.
Tu aurais reçu.
Il aurait reçu.
Nous aurions reçu.
Vous auriez reçu.
Ils auraient reçu.

On dit aussi : *j'eusse reçu, tu eusses reçu, il eût reçu, nous eussions reçu, vous eussiez reçu, ils eussent reçu.*

IMPÉRATIF.

Point de première personne.

Reçois.
Qu'il reçoive.
Recevons.
Recevez.
Qu'ils reçoivent.

SUBJONCTIF.

PRÉSENT ou FUTUR.

Que je reçoive.
Que tu reçoives.
Qu'il reçoive.
Que nous recevions.
Que vous receviez.
Qu'ils reçoivent.

IMPARFAIT.

Que je reçusse.
Que tu reçusses.
Qu'il reçût.

Que nous reçussions,
Que vous reçussiez,
Qu'ils reçussent.

PRÉTÉRIT.

Que j'aie reçu.
Que tu aies reçu.
Qu'il ait reçu.
Que nous ayons reçu.
Que vous ayez reçu.
Qu'ils aient reçu.

PLUS-QUE-PARF.

Que j'eusse reçu.
Que tu eusses reçu.
Qu'il eût reçu.
Que nous eussions reçu
Que vous eussiez reçu.
Qu'ils eussent reçu.

INFINITIF.

PRÉSENT.

Recevoir.

PRÉTÉRIT.

Avoir reçu.

PARTICIPES.

PRÉSENT.

Recevant.

PASSÉ.

Reçu, reçue, ayant reçu.

FUTUR.

Devant recevoir.

insi se conjuguent *apercevoir, concevoir, devoir, cevoir.*

---

(1) Il y a un quatrième prétérit, mais on s'en sert rarement. Le : J'ai eu reçu, tu as eu reçu, il a eu reçu, nous avons eu reçu, avez eu reçu, ils ont eu reçu.

QUATRIÈME CONJUGAISON,

En *re*.

INDICATIF.

PRÉSENT.

Je rends.
Tu rends.
Il rend.
Nous rendons.
Vous rendez.
Ils rendent.

IMPARFAIT.

Je rendais.
Tu rendais.
Il rendait.
Nous rendions.
Vous rendiez.
Ils rendaient.

PRÉTÉRIT DÉFINI.

Je rendis.
Tu rendis.
Il rendit.
Nous rendîmes.
Vous rendîtes.
Ils rendirent.

PRÉTÉRIT INDÉF.

J'ai rendu.
Tu as rendu.
Il a rendu.
Nous avons rendu.
Vous avez rendu.
Ils ont rendu.

PRÉTÉR. ANTÉR.

J'eus rendu.
Tu eus rendu.
Il eut rendu.
Nous eûmes rendu.
Vous eûtes rendu.
Ils eurent rendu (1).

PLUS-QUE-PARF.

J'avais rendu.
Tu avais rendu.
Il avait rendu.
Nous avions rendu.
Vous aviez rendu.
Ils avaient rendu.

FUTUR.

Je rendrai.
Tu rendras.
Il rendra.
Nous rendrons.
Vous rendrez.
Ils rendront.

FUTUR PASSÉ.

J'aurai rendu.
Tu auras rendu.
Il aura rendu.
Nous aurons rendu.
Vous aurez rendu.
Ils auront rendu.

CONDITIONNELS.

PRÉSENT.

Je rendrais.
Tu rendrais.
Il rendrait.
Nous rendrions.
Vous rendriez.
Ils rendraient.

PASSÉ.

J'aurais rendu.
Tu aurais rendu.
Il aurait rendu.
Nous aurions rendu.
Vous auriez rendu.
Ils auraient rendu.

On dit aussi *j'eusse rendu, tu eusses rendu, il eût rendu, nous eussions rendu, vous eussiez rendu, ils eussent rendu.*

IMPÉRATIF.

Point de première personne.

Rends.
Qu'il rende.
Rendons.
Rendez.
Qu'ils rendent.

SUBJONCTIF.

PRÉSENT ou FUTUR.

Que je rende.
Que tu rendes.
Qu'il rende.
Que nous rendions.
Que vous rendiez.
Qu'ils rendent.

IMPARFAIT.

Que je rendisse.
Que tu rendisses.
Qu'il rendît.
Que nous rendissions.
Que vous rendissiez.
Qu'ils rendissent.

PRÉTÉRIT.

Que j'aie rendu.
Que tu aies rendu.
Qu'il ait rendu.
Que nous ayons rendu.
Que vous ayez rendu.
Qu'ils aient rendu.

---

(1) Il y a un quatrième prétérit, mais on s'en sert rarement. Le voici : J'ai eu rendu, tu as eu rendu, il a eu rendu, nous avons eu rendu, vous avez eu rendu, ils ont eu rendu.

PLUS-QUE-PARF.	INFINITIF.	PARTICIPES.
	PRÉSENT.	**PRÉSENT.**
Que j'eusse rendu.		Rendant.
Que tu eusses rendu.	Rendre.	**PASSÉ.**
Qu'il eût rendu.		Rendu, rendue, ayant
Que nous eussions rendu.	**PRÉTÉRIT.**	rendu.
Que vous eussiez rendu.		**FUTUR.**
Qu'ils eussent rendu.	Avoir rendu.	Devant rendre.

Ainsi se conjuguent *attendre, entendre, suspendre, vendre.*

DES TEMPS PRIMITIFS.

On appelle *Temps primitifs* d'un verbe, ceux qui servent à former les autres temps dans les quatre conjugaisons.

TABLEAU DES TEMPS PRIMITIFS.

	Présent de l'infinitif.	Participe présent.	Partic. passé.	Présent de l'Indicatif.	Pretérit de l'Indicatif.
PREMIÈRE CONJUGAISON.	Aimer.	Aimant.	Aimé.	J'aime.	J'aimai.
SECONDE CONJUGAISON.	Finir. Sentir. Ouvrir. Tenir.	Finissant. Sentant. Ouvrant. Tenant.	Fini. Senti. Ouvert Tenu.	Je finis. Je sens. J'ouvre. Je tiens.	Je finis. Je sentis. J'ouvris. Je tins.
TROISIÈME CONJUGAISON.	Recevoir.	Recevant.	Reçu.	Je reçois.	Je reçus.
QUATRIÈME CONJUGAISON.	Rendre. Plaire. Paraître. Réduire. Plaindre.	Rendant. Plaisant. Paraissant. Réduisant. Plaignant.	Rendu. Plu. Paru. Réduit. Plaint.	Je rends. Je plais. Je parais. Je réduis. Je plains.	Je rendis. Je plus. Je parus. Je réduisis. Je plaignis.

Formation des temps dérivés (1).

I. Du présent de l'indicatif se forme l'impératif, en ôtant seulement le pronom *je;* exemples : *j'aime,* impé-

____

(1) On appelle *temps dérivés* ceux qui se forment des *temps primitifs.*

ratif *aime*; *je finis*, imp. *finis*; *je reçois*, imp. *reçois*; *je rends*, imp. *rends*.

Excepté quatre verbes : *je suis*, imp. *sois*; *j'ai*, imp. *aie*; *je vais*, imp. *va*; *je sais*, imp. *sache*.

II. Du prétérit de l'indicatif se forme l'imparfait du subjonctif, en changeant *ai* en *asse* pour la première conjugaison : *j'aimai*, imparfait du subjonctif *que j'aimasse*; et en ajoutant seulement *se* pour les trois autres conjugaisons : *je finis*, *je finisse*; *je reçus*, *je reçusse*; *je rendis*, *je rendisse*.

III. Du présent de l'infinitif on forme :

1° Le futur de l'indicatif, en changeant *r* ou *re* en *rai*; exemples : *aimer*, *j'aimerai*; *finir*, *je finirai*; *rendre*, *je rendrai*.

Exceptions. Première conjugaison. *Aller*, futur, *j'irai*; *envoyer*, *j'enverrai*.

Seconde conjugaison. *Tenir*, futur, *je tiendrai*; *venir*, *je viendrai*; *courir*, *je courrai*; *cueillir*, *je cueillerai*; *mourir*, *je mourrai*, *acquérir*, *j'acquerrai*.

Troisième conjugaison. *Recevoir*, futur, *je recevrai*; *avoir*, *j'aurai*; *échoir*, *j'écherrai*; *pouvoir*, *je pourrai*; *savoir*, *je saurai*; *s'asseoir*, *je m'asseyerai*, et mieux *je m'assiérai*; *voir*, *je verrai*; *vouloir*, *je voudrai*; *valoir*, *je vaudrai*; *falloir*, *il faudra*; *pleuvoir*, *il pleuvra*.

Quatrième conjugaison. *Faire*, futur, *je ferai*; *être*, *je serai*.

2° Du futur de l'indicatif on forme le conditionnel présent, en changeant *rai* en *rais* sans exception, *j'aimerai*, conditionnel, *j'aimerais*; *je finirai*, *je finirais*; *je recevrai*, *je recevrais*; *je rendrai*, *je rendrais*.

IV. Du participe présent on forme :

1° L'imparfait de l'indicatif, en changeant *ant* en *ais* : *aimant*, imparfait, *j'aimais*; *finissant*, *je finissais*; *recevant*, *je recevais*; *rendant*, *je rendais*.

Exceptions. Il n'y a que deux exceptions : *ayant*, *j'avais*; *sachant*, *je savais*.

2° Du même participe on forme la première personne plurielle du présent de l'indicatif, en changeant *ant* en *ons* : *aimant*, *nous aimons*; *finissant*, *nous finissons*; *recevant*, *nous recevons*; *rendant*, *nous rendons*.

Excepté : *étant, nous sommes ; ayant, nous avons ; sachant, nous savons.*

On forme aussi la seconde personne plurielle en *ez : vous aimez, vous finissez, vous recevez, vous rendez.*

Excepté : *faisant, vous faites ; disant, vous dites.*

Et la troisième personne en *ent, ils aiment, ils finissent,* etc.

3° Du même participe présent on forme le présent du subjonctif, en changeant *ant* en *e* muet : *aimant, que j'aime ; finissant, que je finisse ; rendant, que je rende.*

EXCEPTIONS. Première conjugaison. *Allant, que j'aille.*

Seconde conjugaison. *Tenant, que je tienne ; venant, que je vienne ; acquérant, que j'acquière.*

Troisième conjugaison. *Recevant, que je reçoive, pouvant, que je puisse ; valant, que je vaille* (1) *; voulant, que je veuille* (2) *; mouvant, que je meuve ; faillant, qu'il faille.*

Quatrième conjugaison. *Buvant, que je boive ; faisant, que je fasse ; étant, que je sois.*

V. Du participe passé on forme tous les temps composés (de deux mots), en y joignant les temps des verbes auxiliaires *avoir, être ;* comme *j'ai aimé, j'ai fini, j'ai reçu, j'ai rendu ; j'avais aimé, j'avais fini, j'avais reçu, j'avais rendu ; j'aurai aimé, j'aurai fini, j'aurai reçu, j'aurai rendu ; que j'eusse aimé, que j'eusse fini, que j'eusse reçu, que j'eusse rendu,* etc.

VERBES IRRÉGULIERS.

On appelle *irréguliers* les verbes qui ne suivent pas toujours la règle générale des conjugaisons.

Plusieurs de ces verbes ne sont pas usités à certains temps et à certaines personnes.

---

(1) *Que tu vailles, qu'il vaille, que nous valions, que vous valiez, qu'ils vaillent.*

(2) *Que tu veuilles, qu'il veuille, que nous voulions, que vous vouliez, qu'ils veuillent.*

TEMPS PRIMITIFS.
DES VERBES IRRÉGULIERS.

Présent de l'Infinitif.	Participe présent.	Participe passé.	Présent de l'Indicatif.	Prétérit de l'Indicatif.

PREMIÈRE CONJUGAISON.

Présent de l'Infinitif.	Participe présent.	Participe passé.	Présent de l'Indicatif.	Prétérit de l'Indicatif.
Aller.	Allant.	Allé.	Je vais.	J'allai.
Puer.	Puant.	Pué.	Je pue (1).	Je puai.

SECONDE CONJUGAISON.

Présent de l'Infinitif.	Participe présent.	Participe passé.	Présent de l'Indicatif.	Prétérit de l'Indicatif.
Courir.	Courant.	Couru.	Je cours.	Je courus.
Cueillir.	Cueillant.	Cueilli.	Je cueille.	Je cueillis.
Fuir.	Fuyant.	Fui.	Je fuis.	Je fuis.
Mourir.	Mourant.	Mort.	Je meurs.	Je mourus.
Faillir.	Faillant.	Failli.	Je faux.	Je faillis.
Acquérir.	Acquérant.	Acquis.	J'acquiers.	J'acquis.
Saillir.	Saillant.	Sailli	Je saille.	Je saillis.
Tressaillir.	Tressaillant.	Tressailli.	Je tressaille.	Je tressaillis.
Vêtir.	Vêtant.	Vêtu.	Je vêts.	Je vêtis.
Revêtir.	Revêtant.	Revêtu.	Je revêts.	Je revêtis.

TROISIÈME CONJUGAISON.

Présent de l'Infinitif.	Participe présent.	Participe passé.	Présent de l'Indicatif.	Prétérit de l'Indicatif.
Choir.				
Déchoir.		Déchu.	Je déchois.	Je déchus.
Echoir.	Echéant.	Echu.	Il échet.	J'échus.
Falloir.		Fallu.	Il faut.	Il fallut.
Mouvoir.	Mouvant.	Mu.	Je meus.	Je mus.
Pleuvoir.	Pleuvant.	Plu.	Il pleut.	Il plut.
Pouvoir.	Pouvant.	Pu.	Je puis.	Je pus.
Savoir.	Sachant.	Su.	Je sais.	Je sus.
S'asseoir.	S'asseyant.	Assis.	Je m'assieds.	Je m'assis.
Surseoir.		Sursis.	Je surseois.	Je sursis.
Valoir.	Valant.	Valu.	Je vaux.	Je valus.
Voir.	Voyant.	Vu.	Je vois.	Je vis.
Pourvoir.	Pourvoyant.	Pourvu.	Je pourvois.	Je pourvus.
Vouloir.	Voulant.	Voulu.	Je veux.	Je voulus.

(1) On écrivait autrefois : je pus, tu pus, il put. On écrit aujourd'hui : je pue, tu pues, il pue. Il n'est usité qu'*au présent*, à l'*imparfait*, au *futur* et au *conditionnel*.

QUATRIÈME CONJUGAISON.

Présent de l'Infinitif.	Participe présent.	Participe passé.	Présent de l'Indicatif.	Prétérit de l'Indicatif.
Battre.	Battant.	Battu.	Je bats.	Je battis.
Boire.	Buvant.	Bu.	Je bois.	Je bus.
Braire.			Il brait.	
Bruire.	Bruyant.			
Circoncire.		Circoncis.	Je circoncis.	Je circoncis.
Clore.		Clos.	Je clos.	
Conclure.	Concluant.	Conclu.	Je conclus.	Je conclus.
Confire.		Confit.	Je confis.	Je confis.
Coudre.	Cousant.	Cousu.	Je couds.	Je cousis.
Croire.	Croyant.	Cru.	Je crois.	Je crus.
Dire.	Disant	Dit.	Je dis.	Je dis.
Maudire.	Maudissant.	Maudit.	Je maudis.	Je maudis.
Écrire.	Écrivant.	Écrit.	J'écris.	J'écrivis.
Exclure.	Excluant.	Exclus.	J'exclus.	J'exclus.
Faire.	Faisant.	Fait.	Je fais.	Je fis.
Prendre.	Prenant.	Pris.	Je prends.	Je pris.
Lire.	Lisant.	Lu.	Je lis.	Je lus.
Luire.	Luisant.	Lui.	Je luis.	
Mettre.	Mettant.	Mis.	Je mets.	Je mis.
Moudre.	Moulant.	Moulu.	Je mouds.	Je moulus.
Naître.	Naissant.	Né.	Je nais.	Je naquis.
Nuire.	Nuisant.	Nui.	Je nuis.	Je nuisis.
Rire.	Riant.	Ri.	Je ris.	Je ris.
Rompre.	Rompant.	Rompu.	Je romps.	Je rompis.
Absoudre.	Absolvant.	Absous.	J'absous.	
Résoudre.	Résolvant.	Résous, résolu.	Je résous.	Je résolus.
Suffire.	Suffisant.	Suffi.	Je suffis.	Je suffis.
Suivre.	Suivant.	Suivi.	Je suis.	Je suivis.
Traire.	Trayant.	Trait.	Je trais.	
Vaincre.	Vainquant.	Vaincu.	Je vaincs (1).	Je vainquis.
Vivre.	Vivant.	Vécu.	Je vis.	Je vécus.

Nous ne marquons pas les verbes *Composés*, parce qu'ils suivent la conjugaison de leurs *simples* : par exemple, les composés *promettre*, *admettre*, etc. se conjuguent comme le verbe simple *mettre*.

Au moyen de cette table, et des règles que nous avons données sur la formation des temps, il n'y a point de verbe qu'on ne puisse conjuguer.

(1) Le présent et l'imparfait de ce verbe sont de peu d'usage.

Accord des Verbes avec leur nominatif ou sujet.

On appelle *sujet* ou *nominatif* d'un verbe ce qui est ou ce qui fait la chose qu'exprime le verbe. On trouve le nominatif en mettant *qui est-ce qui ?* devant le verbe. La réponse à cette question indique le *nominatif.* Quand je dis, *l'enfant est sage ; qui est-ce qui est sage ?* réponse, *l'enfant :* voilà le nominatif ou sujet du verbe *est. Le lièvre court ; qui est-ce qui court ?* réponse, *le lièvre :* voilà le nominatif du verbe *court.*

RÈGLE.

Tout verbe doit être du même nombre et de la même personne que son nominatif ou sujet.

EXEMPLE. *Je parle : parle* est du nombre singulier et de la première personne, parce que *je*, son nominatif, est du singulier et de la première personne. *Vous parlez tous deux : parlez* est au nombre pluriel, et de la seconde personne, parce que *vous* est au nombre pluriel et de la seconde personne.

Première remarque. Quand un verbe a deux sujets singuliers, on met ce verbe au pluriel.

EXEMPLE. *Mon frère et ma sœur* jouent.

Deuxième remarque. Quand les deux sujets sont de différentes personnes, on met le verbe à la plus noble personne : la première est plus noble que la seconde, la seconde est plus noble que la troisième.

EXEMPLES. *Vous et moi* nous lisons.

Vous et votre frère vous lisez.

(La politesse française veut qu'on nomme d'abord la personne à qui l'on parle, et qu'on se nomme le dernier.)

RÉGIME DES VERBES ACTIFS.

On appelle verbe *actif* celui après lequel on peut mettre, *quelqu'un, quelque chose. Aimer* est un verbe actif, parce qu'on peut dire, *aimer quelqu'un.* Par exemple, *j'aime Dieu ;* ce mot, qui suit le verbe actif, s'appelle le *régime* de ce verbe. On connaît le régime en faisant la question *qu'est-ce que ?* Exemple : *Qu'est-ce que j'aime ?* Réponse, *Dieu. Dieu* est le régime du verbe *j'aime.*

RÈGLE.

Le régime d'un verbe actif se place ordinairement après le verbe (quand ce n'est pas un pronom).

EXEMPLES. *J'aime Dieu.*

Le chat mange la souris; la souris est le régime du verbe *mange.*

Mais quand le régime est un pronom, il se met devant le verbe.

EXEMPLE. Je vous *aime,* pour *j'aime* vous; *il m'aime,* pour *il aime* moi.

Remarque. Outre ce premier régime, qu'on appelle *direct,* certains verbes actifs peuvent avoir un second régime, qu'on appelle *indirect :* ce second régime se marque par les mots *à* ou *de :* comme *donner une image* à *l'enfant; enseigner la grammaire* à *l'enfant; écrire une lettre* à *son ami :* à *l'enfant,* est le régime indirect des verbes *donner, enseigner;* à *son ami,* est le régime indirect du verbe *écrire. Accuser quelqu'un* de *mensonge; avertir quelqu'un* d'une *faute; délivrer quelqu'un* du *danger :* de *mensonge,* est le régime indirect du verbe *accuser,* etc.

Tout verbe actif a un passif : ce passif se forme en prenant le régime *direct* de l'actif, pour en faire le sujet ou nominatif du verbe passif, et en ajoutant après le verbe le mot *par* ou *de.* Ainsi, pour tourner par le passif cette phrase, *le chat mange la souris,* dites : *la souris est mangée* par *le chat; j'aime mon père tendrement,* dites : *mon père est tendrement aimé* de *moi.*

CONJUGAISON DES VERBES PASSIFS.

Il n'y a qu'une seule conjugaison pour tous les verbes passifs; elle se fait avec l'auxiliaire *être* dans tous ses temps, et le participe passé du verbe qu'on veut conjuguer.

INDICATIF.
PRÉSENT.

Je suis aimé, *ou* aimée.
Tu es aimé, *ou* aimée.
Il est aimé, *ou* elle est aimée.
Nous sommes aimés, *ou* aimées.
Vous êtes aimés, *ou* aimées.
Ils sont aimés, *ou* elles sont aimées.

IMPARFAIT.

J'étais aimé, *ou* aimée.
Tu étais aimé, *ou* aimée.
Il était aimé, *ou* elle était aimée.
Nous étions aimés, *ou* aimées.
Vous étiez aimés, *ou* aimées.
Ils étaient aimés, *ou* elles étaie
aimées.

2.

PRÉTÉRIT DÉFINI.

Je fus aimé, *ou* aimée.
Tu fus aimé, *ou* aimée.
Il fut aimé, *ou* elle fut aimée.
Nous fûmes aimés, *ou* aimées.
Vous fûtes aimés, *ou* aimées.
Ils furent aimés, *ou* elles furent
aimées.

PRÉTÉRIT INDÉFINI.

J'ai été aimé, *ou* aimée.
Tu as été aimé, *ou* aimée.
Il a été aimé, *ou* elle a été aimée.
Nous avons été aimés, *ou* aimées.
Vous avez été aimés *ou* aimées.
Ils ont été aimés, *ou* elles ont été
aimées.

PRÉTÉRIT ANTÉRIEUR.

J'eus été aimé, *ou* aimée.
Tu eus été aimé, *ou* aimée.
Il eut été aimé, *ou* elle eut été
aimée.
Nous eûmes été aimés, *ou* aimées.
Vous eûtes été aimés, *ou* aimées.
Ils eurent été aimés, *ou* elles eurent
été aimées.

PLUS-QUE-PARFAIT.

J'avais été aimé, *ou* aimée.
Tu avais été aimé, *ou* aimée.
Il avait été aimé, *ou* elle avait
été aimée.
Nous avions été aimés, *ou* aimées.
Vous aviez été aimés, *ou* aimées.
Ils avaient été aimés, *ou* elles
avaient été aimées.

FUTUR.

Je serai aimé, *ou* aimée.
Tu seras aimé, *ou* aimée.
Il sera aimé, *ou* elle sera aimée.
Nous serons aimés, *ou* aimées.
Vous serez aimés, *ou* aimées.
Ils seront aimés, *ou* elles seront
aimées.

FUTUR PASSÉ.

J'aurai été aimé, *ou* aimée.
Tu auras été aimé, *ou* aimée.
Il aura été aimé, *ou* elle aura été
aimée.
Nous aurons été aimés, *ou* aimées.

Vous aurez été aimés, *ou* aimées.
Ils auront été aimés, *ou* elles auront
été aimées.

CONDITIONNELS.

PRÉSENT.

Je serais aimé, *ou* aimée.
Tu serais aimé, *ou* aimée.
Il serait aimé, *ou* elle serait aimée.
Nous serions aimés, *ou* aimées.
Vous seriez aimés, *ou* aimées.
Ils seraient aimés, *ou* elles seraient
aimées.

PASSÉ.

J'aurais été aimé, *ou* aimée.
Tu aurais été aimé, *ou* aimée.
Il aurait été aimé, *ou* elle aurait
été aimée.
Nous aurions été aimés, *ou* aimées.
Vous auriez été aimés, *ou* aimées.
Ils auraient été aimés, *ou* elles au-
raient été aimées.

On dit aussi : *j'eusse été aimé*, *ou
aimée; tu eusses été aimé*, *ou aimée; il eût été aimé*, *ou elle eût été
aimée; nous eussions été aimés*, *ou
aimées; vous eussiez été aimés*, *ou
aimées; ils eussent été aimés*, *ou
elles eussent été aimées.*

IMPÉRATIF.

Point de première personne.

Sois aimé, *ou* aimée.　　　　(aimée.
Qu'il soit aimé, *ou* qu'elle soit
Soyons aimés, *ou* aimées.
Soyez aimés, *ou* aimées.
Qu'ils soient aimés, *ou* qu'elles
soient aimées.

SUBJONCTIF.

PRÉSENT ou FUTUR.

Que je sois aimé, *ou* aimée.
Que tu sois aimé, *ou* aimée.
Qu'il soit aimé, *ou* qu'elle soit
aimée.
Que nous soyons aimés, *ou* aimées.
Que vous soyez aimés, *ou* aimées.
Qu'ils soient aimés, *ou* qu'elles
soient aimées.

IMPARFAIT.

Que je fusse aimé, *ou* aimée.

Que tu fusses aimé, *ou* aimée.
Qu'il fût aimé *ou* qu'elle fût aimée.
Que nous fussions aimés, *ou* aimées.
Que vous fussiez aimés, *ou* aimées.
Qu'ils fussent aimés, *ou* qu'elles fussent aimées.

PRÉTÉRIT.

Que j'aie été aimé, *ou* aimée.
Que tu aies été aimé, *ou* aimée.
Qu'il ait été aimé, *ou* qu'elle ait été aimée.
Que nous ayons été aimés, *ou* aimées.
Que vous ayez été aimés, *ou* aimées.
Qu'ils aient été aimés, *ou* qu'elles aient été aimées.

PLUS-QUE-PARFAIT.

Que j'eusse été aimé, *ou* aimée.
Que tu eusses été aimé, *ou* aimée.
Qu'il eût été aimé, *ou* qu'elle eût été aimée.

Que nous eussions été aimés, *ou* aimées.
Que vous eussiez été aimés, *ou* aimées.
Qu'ils eussent été aimés, *ou* qu'elles eussent été aimées.

INFINITIF.

PRÉSENT.

Être aimé, *ou* aimée.

PRÉTÉRIT.

Avoir été aimé, *ou* aimée.

PARTICIPES.

PRÉSENT.

Étant aimé, *ou* aimée.

PASSÉ.

Ayant été aimé, *ou* aimée.

FUTUR.

Devant être aimé, *ou* aimée.

Ainsi se conjuguent *être fini*, *être reçu*, *être rendu*, etc. etc. etc.

RÉGIME DES VERBES PASSIFS.

Règle. On met *de* ou *par* devant le nom ou pronom qui suit le verbe passif.

Ex. *La souris est mangée* par *le chat.*

Un enfant sage est aimé de ses parens.

Remarque. N'employez jamais *par* avec le nom *Dieu*, dites :

Les méchans seront punis de *Dieu*, et non pas *seront punis* par *Dieu.*

VERBES NEUTRES.

On appelle *neutres* les verbes après lesquels on ne peut pas mettre *quelqu'un*, ni *quelque chose : languir, dormir*, sont des verbes neutres, parce qu'on ne peut pas dire, *languir quelqu'un, dormir quelque chose*, etc. (On les appelle *neutres*, parce qu'ils ne sont ni *actifs* ni *passifs.*)

La plupart des verbes neutres se conjuguent, comme

les verbes actifs, avec l'auxiliaire *avoir* : *je dors, j'ai dormi, j'avais dormi, j'aurais dormi*, etc.

Mais il y a des verbes neutres qui se conjuguent dans leurs temps composés avec l'auxiliaire *être*, comme *venir, arriver, tomber*, etc.

CONJUGAISON DES VERBES NEUTRES.

INDICATIF.
PRÉSENT.

Je tombe.
Tu tembes.
Il, *ou* elle tombe.
Nous tombons.
Vous tombez.
Ils, *ou* elles tombent.

IMPARFAIT.

Je tombais.
Tu tombais.
Il, *ou* elle tombait.
Nous tombions.
Vous tombiez.
Ils, *ou* elles tombaient.

PRÉTÉRIT DÉFINI.

Je tombai.
Tu tombas.
Il, *ou* elle tomba.
Nous tombâmes.
Vous tombâtes.
Is, *ou* elles tombèrent.

PRÉTÉRIT INDÉFINI.

Je suis tombé, *ou* tombée.
Tu es tombé, *ou* tombée.
Il est tombé, *ou* elle est tombée.
Nous sommes tombés, *ou* tombées.
Vous êtes tombés, *ou* tombées.
Ils sont tombés, *ou* elles sont tombées.

PRÉTÉRIT ANTÉRIEUR.

Je fus tombé, *ou* tombée.
Tu fus tombé, *ou* tombée.
Il fut tombé, *ou* elle fut tombée.
Nous fûmes tombés, *ou* tombées.
Vous fûtes tombés, *ou* tombées.
Ils furent tombés, *ou* elles furent tombées.

PLUS-QUE-PARFAIT.

J'étais tombé, *ou* tombée.
Tu étais tombé, *ou* tombée.
Il était tombé, *ou* elle était tombée.
Nous étions tombés, *ou* tombées.
Vous étiez tombés, *ou* tombées.
Ils étaient tombés, *ou* elles étaient tombées.

FUTUR.

Je tomberai.
Tu tomberas.
Il, *ou* elle tombera.
Nous tomberons.
Vous tomberez.
Ils, *ou* elles tomberont.

FUTUR PASSÉ.

Je serai tombé, *ou* tombée.
Tu seras tombé, *ou* tombée.
Il sera tombé, *ou* elle sera tombée.
Nous serons tombés, *ou* tombées.
Vous serez tombés, *ou* tombées.
Ils seront tombés, *ou* elles seront tombées.

CONDITIONNELS.
PRÉSENT.

Je tomberais.
Tu tomberais.
Il, *ou* elle tomberait.
Nous tomberions.
Vous tomberiez.
Ils, *ou* elles tomberaient.

PASSÉ.

Je serais tombé, *ou* tombée.
Tu serais tombé, *ou* tombée.
Il serait tombé, *ou* elle serait tombée.
Nous serions tombés, *ou* tombées.
Vous seriez tombés, *ou* tombées.
Ils seraient tombés, *ou* elles seraient tombées.

On dit aussi : *je fusse tombé,* ou *tombée ; tu fusses tombé,* ou *tombée; il fût tombé,* ou *elle fût tombée; nous fussions tombés,* ou *tombés; vous fussiez tombés,* ou *tombées; ils fussent tombés,* ou *elles fussent tombées.*

IMPÉRATIF.

Point de première personne.

Tombe.
Qu'il, *ou* qu'elle tombe.
Tombons.
Tombez.
Qu'ils, *ou* qu'elles tombent.

SUBJONCTIF.

PRÉSENT ou FUTUR.

Que je tombe.
Que tu tombes.
Qu'il, *ou* qu'elle tombe.
Que nous tombions.
Que vous tombiez.
Qu'ils *ou* qu'elles tombent.

IMPARFAIT.

Que je tombasse.
Que tu tombasses.
Qu'il, *ou* qu'elle tombât.
Que nous tombassions.
Que vous tombassiez.
Qu'ils, *ou* qu'elles tombassent.

PRÉTÉRIT.

Que je sois tombé, *ou* tombée.
Que tu sois tombé, *ou* tombée.

Qu'il soit tombé, *ou* qu'elle soit tombée.
Que nous soyons tombés, *ou* tombées.
Que vous soyez tombés, *ou* tombées.
Qu'ils soient tombés, *ou* qu'elles soient tombées.

PLUS-QUE-PARFAIT.

Que je fusse tombé, *ou* tombée.
Que tu fusses tombé, *ou* tombée.
Qu'il fût tombé, *ou* qu'elle fût tombée.
Que nous fussions tombés, *ou* tombées.
Que vous fussiez tombés, *ou* tombées.
Qu'ils fussent tombés, *ou* qu'elles fussent tombées.

INFINITIF.

PRÉSENT.

Tomber.

PRÉTÉRIT.

Être tombé, *ou* tombée.

PARTICIPES.

PRÉSENT.

Tombant.

PASSÉ.

Tombé, tombée, étant tombé *ou* tombée.

FUTUR.

Devant tomber.

Conjuguez de même les verbes *aller, arriver, déchoir, décéder, entrer, sortir, mourir, partir, rester, descendre, monter, passer, venir;* et ses composés, *devenir, survenir, revenir, parvenir,* etc. etc.

Il y a des verbes neutres qui ont un régime.

RÉGIME DES VERBES NEUTRES.

Règle. On met *à* ou *de* devant le nom ou pronom qui suit le verbe neutre.

Exemples.

A	DE
Nuire à la *santé.*	*Médire* de *quelqu'un.*
Plaire au *Seigneur.*	*Profiter* des *leçons.*
Convenir à *quelqu'un.*	*Jouir* de la *liberté.*

VERBES RÉFLÉCHIS.

On appelle *Verbes réfléchis* ceux dont le nominatif et le régime sont la même personne, *comme je me flatte, tu te loues, il se blesse,* etc.

Les verbes *réfléchis* se conjuguent comme le verbe *tomber*, c'est-à-dire qu'ils prennent l'auxiliaire *être* aux temps composés. Nous ne mettrons ici que les premières personnes.

CONJUGAISON DES VERBES RÉFLÉCHIS.

INDICATIF.
PRÉSENT.

Je me repens.
Tu te repens.
Il, *ou* elle se repent.
Nous nous repentons.
Vous vous repentez.
Ils, *ou* elles se repentent.

IMPARFAIT.
Je me repentais, etc.

PRÉTÉRIT DÉFINI.
Je me repentis, etc.

PRÉTÉRIT INDÉFINI.
Je me suis repenti, *ou* repentie.

PRÉTÉRIT ANTÉRIEUR.
Je me fus repenti, *ou* repentie.

PLUS-QUE-PARFAIT.
Je m'étais repenti, *ou* repentie.

FUTUR.
Je me repentirai.

FUTUR PASSÉ.
Je me serai repenti, *ou* repentie.

CONDITIONNELS.
PRÉSENT.

Je me repentirais.

PASSÉ.
Je me serais repenti, *ou* repentie.

On dit aussi : *Je me fusse repenti,* ou *repentie.*

IMPÉRATIF.
Point de première personne.

Repens-toi.
Qu'il, *ou* qu'elle se repente.
Repentons-nous.
Repentez-vous.
Qu'ils, *ou* qu'elles se repentent.

SUBJONCTIF.
PRÉSENT *ou* FUTUR.

Que je me repente.

IMPARFAIT.
Que je me repentisse.

PRÉTÉRIT.
Que je me sois repenti, *ou* repentie.

PLUS-QUE-PARFAIT.
Que je me fusse repenti, *ou* repentie.

INFINITIF.
PRÉSENT.

Se repentir.

PRÉTÉRIT.	PASSÉ.
S'être repenti, *ou* repentie.	Repenti, s'étant repenti, *ou* repentie.
PARTICIPES.	
PRÉSENT.	FUTUR.
Se repentant.	Devant se repentir.

Remarque. Me, te, se, nous, vous, qui sont le régime des verbes réfléchis, sont quelquefois régime *direct*, comme dans *je* me *flatte*, c'est-à-dire *je flatte* moi ; *tu te blesseras*, c'est-à-dire *tu blesseras* toi : et quelquefois ils sont régime *indirect*, comme dans cet exemple : *je* me *fais une loi*, c'est-à-dire *je fais* à moi *une loi* ; *il s'est fait honneur*, c'est-à-dire *il a fait honneur* à soi, etc.

VERBES IMPERSONNELS.

On appelle *Verbe impersonnel* celui qui ne s'emploie dans tous les temps qu'à la troisième personne du singulier ; comme *il faut, il importe, il pleut*, etc. Il se conjugue à cette troisième personne comme les autres verbes.

CONJUGAISON DES VERBES IMPERSONNELS.

INDICATIF.

PRÉSENT.
Il faut.

IMPARFAIT.
Il fallait.

PRÉTÉRIT DÉFINI.
Il fallut.

PRÉTÉR INDÉFINI.
Il a fallu.

PRÉT. ANTÉRIEUR.
Il eût fallu.

PLUS-QUE-PARFAIT.
Il avait fallu.

FUTUR.
Il faudra.

FUTUR PASSÉ.
Il aura fallu.

CONDITIONNELS.

PRÉSENT.
Il faudrait.

PASSÉ.
Il aurait fallu.

SUBJONCTIF.

PRÉSENT ou FUTUR.
Qu'il faille.

IMPARFAIT.
Qu'il fallût.

PRÉTÉRIT.
Qu'il ait fallu.

PLUS-QUE-PARFAIT.
Qu'il eût fallu.

INFINITIF.

PRÉSENT.
Falloir.

PARTICIPES.

PASSÉ.
Ayant fallu.

Remarque. Le mot *il* ne marque un verbe *impersonnel* que lorsqu'on ne peut pas mettre un nom à sa place ; car lorsqu'en parlant d'un enfant, on dit, *il joue*, ce n'est pas un impersonnel, parce qu'à la place du mot *il*, on peut mettre *l'enfant*, et dire, *l'enfant joue*.

CHAPITRE VI.

SIXIÈME ESPÈCE DE MOTS.

LE PARTICIPE.

Le Participe est un mot qui tient du verbe et de l'adjectif, comme, *aimant, aimé.* Il tient du verbe, en ce qu'il en a la signification et le régime; *aimant Dieu, aimé de Dieu* : il tient aussi de l'adjectif, en ce qu'il qualifie une personne ou une chose, c'est-à-dire qu'il en marque la qualité, comme *vieillard honoré, vertu éprouvée.*

ACCORD DES PARTICIPES.

1° Participe présent, *aimant, finissant, recevant, rendant.*

Règle. Le participe présent ne varie jamais, c'est-à-dire qu'il ne prend ni genre ni nombre.

Exemples.

Un homme lisant.	*Une femme* lisant.
Des hommes lisant.	*Des femmes* lisant.

Remarque. Ce qu'on appelle *gérondif* n'est autre chose que le participe présent (1), devant lequel on met le mot *en,* comme : *les jeunes gens se forment l'esprit en lisant de bons livres.*

2° Participe passé, *aimé, fini, reçu, rendu.*

Le participe passé s'accorde ou avec son nominatif ou sujet, ou avec son régime.

Accord du Participe passé avec le Nominatif.

Première règle. Le participe passé, quand il est accompagné du verbe auxiliaire *être,* s'accorde en genre et en nombre avec son nominatif ou sujet, c'est-à-dire que l'on ajoute *e* si le sujet est féminin, et *s* si le sujet est pluriel.

---

(1) Il ne faut pas confondre avec le participe présent certains adjectifs verbaux (c'est-à-dire qui viennent des verbes). On dit, *un homme* obligeant, *une femme obligeante;* ce ne sont pas des participes, parce qu'ils n'ont pas de régime. Mais, quand je dis, *cette femme est d'un bon caractère,* obligeant *tout le monde quand elle peut;* obligeant est ici *participe,* puisqu'il a le régime *tout le monde.*

Exemples.

Mon frère a été puni.   *Ma sœur a été* punie.

Mes frères ont été punis.   *Mes sœurs ont été* punies (1).

Mon frère est tombé.   *Ma sœur est* tombée.

Mes frères sont tombés.   *Mes sœurs sont* tombées.

Exception unique. Dans les temps composés des verbes *réfléchis*, le participe ne s'accorde pas avec son nominatif. On dit d'une femme, *elle s'est* mis *cela dans la tête* (et non pas *mise*); *quelques païens se sont* donné *la mort* (et non pas, se sont *donnés*).

Deuxième règle. Mais quand le participe passé est accompagné du verbe auxiliaire *avoir*, il ne s'accorde jamais avec son nominatif ou sujet.

Exemples.

Mon père a écrit *une lettre.*   *Ma mère a* écrit *une lettre.*

Mes frères ont écrit *une lettre.*   *Mes sœurs ont* écrit *une lettre.*

(Le participe *écrit* ne change point, quoique le nominatif soit masculin ou féminin, singulier ou pluriel).

Accord du Participe passé avec le Régime.

Première règle. Le participe passé s'accorde toujours avec son régime *direct*, quand ce régime est devant le participe.

Exemples.

La lettre que vous avez écrite*, je l'ai* lue.

Les livres que j'avais prêtés*, on les a* rendus.

Quelle affaire avez-vous entreprise?

Combien d'ennemis n'a-t-il pas vaincus!

Quand la race de Caïn se fut multipliée. . . .

On voit que le régime mis devant le participe est ordinairement un des pronoms *que, me, te, se, le, la, les, nous, vous, quels* (2).

---

(1) Le participe *été* n'a ni féminin, ni pluriel; on dit : *elle a été, ils ont été.*

(2) Autrefois on mettait deux exceptions : 1° quand le nominatif est après le participe, comme : *la leçon que vous ont* donné *vos maîtres*; 2° quand le participe est suivi d'un adjectif qui fait partie du régime, comme : *Adam et Ève que Dieu avait* créé *innocens :* Mais c'est à tort : il faut dans le premier exemple, *donnée*; et dans le second, il faut *créés.* (Essais de Grammaire par l'abbé d'Olivet.)

Deuxième règle. Mais quand le régime n'est placé qu'après le participe, ce participe ne s'accorde pas avec son régime.

Exemples.

J'ai écrit une lettre.	*J'ai écrit des lettres.*
Vous avez acheté un livre.	*Vous avez acheté des livres.*

(*Écrit, acheté*, ne changent pas, quoique le régime soit singulier ou pluriel, masculin ou féminin, parce que ce régime est après le participe.)

Remarque. On dit sans faire accorder : *les vertus que j'ai* entendu *louer, les vices que j'ai* résolu *d'éviter* : *que* n'est pas ici le régime des participes *entendu, résolu,* mais des infinitifs suivans, *louer, éviter.* Pour connaître si le régime dépend du participe, il faut voir si l'on peut mettre ce régime immédiatement après le participe. On ne peut pas dire ici, *j'ai entendu les vertus, j'ai résolu les vices.* (Voyez les *Règles des Participes,* page 66.)

CHAPITRE VII.

—

SEPTIÈME ESPÈCE DE MOTS.

LA PRÉPOSITION.

La Préposition est un mot qui sert à joindre le nom ou pronom suivant au mot qui la précède : par exemple, quand je dis *le fruit* de *l'arbre, de* marque le rapport qu'il y a entre *fruit* et *arbre* : quand je dis *utile* à *l'homme, à* fait rapporter le nom *homme* à l'adjectif *utile* : quand je dis, *j'ai reçu* de *mon père, de* sert à joindre le nom *père* au verbe *reçu,* etc.; *de, à,* sont des prépositions; le mot qui suit s'appelle le *régime* de la *préposition.*

Cette espèce de mots s'appelle *préposition,* parce qu'elle se met ordinairement devant le nom qu'elle régit.

PRÉPOSITIONS FRANÇAISES.

Pour marquer la place, ou *le lieu.*

A. Attacher *à* la muraille : vivre *à* Paris : aller *à* Rome.

Dans. Être *dans* la maison : serrer *dans* une cassette.

En. Être *en* Italie : voyager *en* Allemagne.

De. Sortir *de* la ville : venir *de* la province.

Chez. Etre *chez* un ami : ce livre est *chez* le libraire.

Devant. Le berger marche *devant* le troupeau : allez *devant* moi.

Après. J'irai *après* vous : courir *après* quelqu'un.

Derrière. Les laquais vont *derrière* leur maître : se cacher *derrière* un mur.

Parmi. Cet officier fut trouvé *parmi* les morts.

Sur. Avoir son chapeau *sur* la tête : mettre un flambeau *sur* la table.

Sous. Mettre un tapis *sous* les pieds : tout ce qui est *sous* le ciel.

Vers. Les yeux levés *vers* le ciel : l'aimant se tourne *vers* le nord.

Pour marquer l'ordre.

Avant. La nouvelle est arrivée *avant* le courrier.

Entre. Tenir un enfant *entre* ses bras ; *entre* le printemps et l'automne.

Dès. Cette rivière est navigable *dès* sa source : *dès* sa plus tendre enfance.

Depuis. *Depuis* Paris jusqu'à Orléans : *depuis* la création jusqu'au déluge.

Pour marquer l'union.

Avec. Manger *avec* ses amis : il est parti *avec* la fièvre.

Pendant. *Pendant* la guerre.

Durant. *Durant* la guerre.

Outre. Compagnie de cent hommes, *outre* les officiers.

Selon. Se conduire *selon* la raison.

Suivant. *Suivant* la loi.

Pour marquer séparation.

Sans. Les soldats *sans* leurs officiers.

Hors. Tout est perdu, *hors* l'honneur.

Excepté. Tout est perdu, *excepté* l'honneur.

Pour marquer opposition.

Contre. Les gens de bien révoltés *contre* les méchans : Plaider *contre* quelqu'un.

Malgré. Il est parti *malgré* moi.

Nonobstant. Il a fait cela *nonobstant* mes représentations.

Pour marquer le but.

Envers. Charitable *envers* les pauvres : son respect *envers* ses supérieurs.

Touchant. Il m'a écrit *touchant* cette affaire.

Pour. Travailler *pour* le bien public : étudier *pour* son instruction.

Pour marquer la cause, le moyen.

Par. Fléchir *par* ses prières : tout a été créé *par* la parole de Dieu.

Moyennant. J'espère *moyennant* la grâce de Dieu.

Attendu. Le courrier n'a pu partir, *attendu* le mauvais temps.

CHAPITRE VIII.

HUITIÈME ESPÈCE DE MOTS.

L'ADVERBE.

L'ADVERBE est un mot qui se joint ordinairement au verbe ou à l'adjectif, pour en déterminer la signification. Quand on dit : *cet enfant parle distinctement*, par ce mot *distinctement*, l'on fait entendre qu'il parle d'une manière claire.

1° Il y a des adverbes qui marquent la *manière :* ils sont presque tous terminés en *ment*, et ils se forment des adjectifs, comme *sagement* de *sage*, *poliment* de *poli*, *agréablement* d'*agréable*, *modestement* de *modeste*.

2° Il y a des adverbes qui marquent l'*ordre*, comme *premièrement, secondement, d'abord, ensuite, auparavant.* Exemple : d'abord *il faut éviter le mal*, ensuite *il faut faire le bien.*

3° Il y a des adverbes qui marquent le lieu, comme *où, ici, là, deçà, au-delà, dessus, partout, auprès, loin, dedans, dehors, ailleurs.* Exemples : où *êtes-vous ? Je suis ici, je vais là.*

4° Il y a des adverbes de temps, comme *hier, autrefois, bientôt, souvent, toujours, jamais*, etc. Exemple : *cet enfant joue toujours, et ne s'applique jamais.*

5° Il y a des adverbes de *quantité*, comme *beaucoup*, *peu*, *assez*, *trop*, *tant*, etc. Exemple : *il parle* beaucoup et *réfléchit* peu.

6° Enfin, il y a des adverbes de *comparaison*, comme *plus*, *moins*, *aussi*, *autant*, etc. Exemple : plus *sage*, aussi *sage*, moins *sage que vous*.

Remarque. Certains adjectifs sont quelquefois employés comme adverbes : on dit, chanter *juste*, parler *bas*, voir *clair*, rester *court*, frapper *fort*, sentir *bon*, etc.

CHAPITRE IX.

—

NEUVIÈME ESPÈCE DE MOTS.

LA CONJONCTION.

Remarque. L'on a vu jusqu'à présent comment les mots se joignent ensemble pour former un sens : les mots ainsi réunis font une *phrase* ou *proposition*. La plus petite proposition doit avoir au moins deux mots, le nominatif ou sujet, et le verbe, comme *je chante*, *vous lisez*, *l'homme meurt* : souvent le verbe a un régime, comme, *je chante un air*, *vous lisez une lettre*, etc.

La *conjonction* est un mot qui sert à joindre une phrase à une autre phrase. Par exemple, quand on dit : *il pleure* et *il rit en même temps*, ce mot *et* lie la première phrase *il pleure*, avec la seconde *il rit*.

Différentes sortes de conjonctions.

1° Pour marquer la liaison : *et*, *ni*, *aussi*, *que*.

2° Pour marquer opposition : *mais*, *cependant*, *néanmoins*, *pourtant*.

3° Pour marquer division : *ou*, *ou bien*, *soit*.

4° Pour marquer exception : *sinon*, *quoique*.

5° Pour comparer : *comme*, *de même que*, *ainsi que*.

6° Pour ajouter : *de plus*, *d'ailleurs*, *outre que*, *encore*.

7° Pour rendre raison : *car*, *parce que*, *puisque*, *vu que*.

8° Pour marquer l'intention : *afin que*, *de peur que*.

9° Pour conclure : *or, donc, ainsi, de sorte que.*

10° Pour marquer le temps : *quand, lorsque, comme, dès que, tandis que.*

11° Pour marquer le doute : *si, supposé que, pourvu que, en cas que.*

Il y a plusieurs autres conjonctions; l'usage les fera connaître; la plus ordinaire est *que;* on distingue la conjonction *que* du *que* relatif, en ce qu'elle ne peut pas se tourner par *lequel, laquelle.*

RÉGIME DES CONJONCTIONS.

Parmi les conjonctions, les unes veulent le verbe suivant au subjonctif, les autres à l'indicatif.

Voici celles qui régissent le subjonctif : *soit que, sans que, si ce n'est que, quoique, jusqu'à ce que, encore que, à moins que, pourvu que, supposé que, au cas que, avant que, non pas que, afin que, de peur que, de crainte que,* et en général quand on marque quelque doute, ou quelque souhait, comme *je souhaite, je doute que cet enfant soit jamais savant.*

CHAPITRE X.

—

DIXIÈME ESPÈCE DE MOTS.

L'INTERJECTION.

L'INTERJECTION est un mot dont on se sert pour exprimer un sentiment de l'âme, comme la joie, la douleur, etc.

La joie : *Ah! Bon!*

La douleur : *Aie! Ah! Hélas! Ouf!*

La crainte : *Ha! Hé!*

L'aversion : *Fi. Fi donc.*

L'admiration : *Oh!*

Pour encourager : *Ça. Allons. Courage.*

Pour appeler : *Holà! Hé!*

Pour faire taire : *Chut. Paix.*

REMARQUES PARTICULIÈRES
SUR CHAQUE ESPÈCE DE MOTS.

DES LETTRES.

H est aspirée dans *héros;* on dit *le héros;* mais elle n'est point aspirée dans *héroïsme,* on dit : *l'héroïsme de la vertu.*

L au milieu et à la fin des mots, quand elle est précédée d'un *i,* est ordinairement *mouillée,* et se prononce comme à la fin de ces mots : *soleil, orgueil, famille, bouillir.*

On écrit *œil,* que l'on prononce comme *euil.*

S entre deux voyelles se prononce comme *z.* Exemple : *maison, poison;* excepté les mots *préséance, présupposer,* où l'on conserve la prononciation de l'*s.*

D à la fin du mot *grand* se prononce comme *t* devant une voyelle ou une *h* muette : *grand homme,* on prononce comme s'il y avait *grant homme.*

G N au milieu d'un mot se prononce dans *ignorance, magnanime.*

T ne se prononce pas à la fin de ces mots, *respect, aspect,* même quand le mot suivant commence par une voyelle ou une *h* muette : ainsi prononcez *respect humain* comme s'il y avait *respec humain.*

DES NOMS COMPOSÉS.

Quand un nom est composé d'un adjectif et d'un nom, ils prennent tous deux la marque du pluriel. Exemple : un *arc-boutant,* des *arcs-boutans.*

Quand il est composé de deux noms unis par une préposition, on ne met la marque du pluriel qu'au premier des deux noms. Exemple : un *chef-d'œuvre,* des *chefs-d'œuvre;* un *arc-en-ciel,* des *arcs-en-ciel.*

Quand il est composé d'une préposition ou d'un verbe et d'un nom, le nom seul prend la marque du pluriel. Exemples : un *entre-sol,* des *entre-sols;* un *garde-fou,* des *garde-fous.*

NOMS DE NOMBRES.

Cent au pluriel, et *vingt* dans quatre-*vingt,* six-*vingt,* prennent une *s* quand ils sont suivis d'un nom. Exemples:

deux cents *hommes*, quatre-vingts *volumes*, six-vingts *arbres*.

Pour la date des années on écrit mil. Exemple : *l'hiver fut très-rigoureux en* mil *sept cent neuf* : partout ailleurs on écrit *mille* qui ne prend jamais *s* : *deux* mille *hommes*.

Neuf se prononce devant une voyelle comme *neuv*. Exemple : *il y a neuf ans*; prononcez *neuv ans*.

On dit : une *demi-heure*, une *demi-livre*; ce mot *demi* ne change pas quand il est devant le nom; mais dites : une heure et *demie*, une livre et *demie* : quand le mot *demi* est après le nom, il en prend le genre.

NOMS PARTITIFS.

On appelle *noms partitifs*, ceux qui marquent la partie d'un plus grand nombre, comme *la plupart de, une infinité de, beaucoup de, peu de*, etc.

Les noms partitifs suivis d'un nom pluriel, veulent le verbe et l'adjectif au pluriel.

Exemples. La plupart des enfans sont légers.
Peu d'enfans sont attentifs.

Remarque. Dans le sens partitif on met *de*, et non pas *des*, devant un adjectif. Exemples : *j'ai lu de bons livres*, et non pas *des* bons livres; *j'ai vu de belles maisons*, et non pas *des* belles maisons.

PRONOMS.

1° *Vous*, employé pour *tu*, veut le verbe au pluriel; mais l'adjectif suivant reste au singulier.

Exemple. Mon fils, vous serez estimé *si vous* êtes sage.

2° *Le, la, les*, sont quelquefois pronoms, et quelquefois ils sont articles : l'article est toujours suivi d'un nom; *le* frère, *la* sœur, *les* hommes : au lieu que le pronom est toujours joint à un verbe, comme *je le connais, je la respecte, je les estime*.

Le pronom *le* ne prend ni genre, ni nombre, quand il tient la place d'un adjectif ou d'un verbe. Par exemple, si l'on disait à une femme. *Madame, êtes-vous malade?* Il faudrait qu'elle répondît : *Oui, je le suis*, et non pas *je la suis*, parce que *le* se rapporte à l'adjectif *malade*. On doit s'accommoder à l'humeur des autres autant qu'on

le *peut* : je mets *le*, parce qu'il se rapporte au verbe *accommoder*.

3° N'employez le pronom *soi* qu'après un nominatif vague et indéterminé, comme *on*, *chacun*, *ce*, etc.

Exemples. On ne doit jamais parler de soi.

Chacun *songe à* soi.

N'aimer que soi, *c'est être mauvais citoyen.*

4° Il ne faut pas se servir du pronom *son*, *sa*, *ses*, *leur*, *leurs*, mis pour un nom de chose, à moins que ce nom ne soit exprimé dans la même phrase. Ainsi ne dites pas : *Paris est beau, j'admire* ses *bâtimens*; mais dites : *j'en admire les bâtimens.*

On emploie bien *son*, *sa*, *ses*, etc. pour un nom de chose, quand il est exprimé dans la même phrase. Ainsi on dit bien : *la Seine a sa source en Bourgogne* (1).

5° Il faut dire : *c'est en Dieu* que *nous devons mettre notre espérance*, et non pas *en qui*; *c'est à vous-même que je veux parler*, et non pas *à qui* je veux. Est-ce à M..... *que* j'ai l'honneur de parler? et non pas à *qui* j'ai l'honneur, etc. (Dans ces phrases *que* n'est pas relatif, mais conjonctif).

6° *Qui* relatif est toujours de la même personne que son antécédent. Ainsi il faut dire : *moi* qui *ai vu; vous* qui *avez vu; nous* qui *avons vu*, etc.

7° *Qui*, précédé d'une préposition, ne se dit jamais des choses, mais seulement des personnes. Ainsi ne dites pas : *les sciences* à qui *je m'applique*, mais *auxquelles* je m'applique.

8° *Ce* devant le verbe *être* veut ce verbe au singulier, excepté quand il est suivi de la troisième personne du pluriel. On dit : c'est *moi*, c'est *toi*, c'est *lui*, c'est *nous*, c'est *vous qui*; mais il faut dire : ce sont *eux*, ce sont *elles*, ce sont *vos ancêtres qui ont bâti cette maison.*

9° *Tout* mis pour *quoique, entièrement*, ne change point de nombre devant un adjectif masculin. Ainsi dites :

---

(1) Cependant, quoique le nom de *chose* ne soit pas dans la même phrase, on se sert bien de *son*, *sa*, *ses*, quand il est régi par une préposition, comme : *Paris est beau; j'admire la grandeur de* ses *bâtimens.*

les enfans, tout *aimables qu'ils sont, ne laissent pas d'avoir bien des défauts.*

Tout ne change ni de genre ni de nombre devant un adjectif féminin pluriel qui commence par une voyelle ou une *h* muette. Ainsi dites : *ces images*, tout *amusantes qu'elles sont, ne me plaisent pas.*

Mais si l'adjectif féminin est au *singulier*, ou si, étant au pluriel, il commence par une consonne, alors on met *toute, toutes.* Exemple : *cette image*, toute *amusante qu'elle est, ne me plaît pas : ces images*, toutes *belles qu'elles sont, ne me plaisent pas* (1).

10° *Quelque.... que* s'emploie de cette manière : s'il y a un adjectif entre *quelque* et *que*, alors *quelque* ne prend jamais *s* à la fin.

Exemple. Les rois, quelque *puissans qu'ils soient, ne doivent pas oublier qu'ils sont hommes.*

S'il y a un nom entre *quelque* et *que*, alors on met *quelque* au même nombre que le nom.

Ex. Quelques *richesses* que *vous ayez, vous ne devez pas vous enorgueillir.*

Si le nom n'est placé qu'après le *que* et le verbe, alors il faut écrire en deux mots séparés *quel*, ou *quelle* que, *quels* ou *quelles* que.

Exemple. Quelle *que soit votre force*, quelles *que soient vos richesses, vous ne devez pas vous enorgueillir; votre puissance*, quelle *qu'elle soit, ne vous donne pas le droit de mépriser les autres.*

11° *Celui-ci, celui-là*, s'emploient de cette manière : *celui-ci* pour la personne dont on a parlé en dernier lieu; *celui-là* pour la personne dont on a parlé en premier lieu.

Exemple. Les deux philosophes Héraclite et Démocrite étaient d'un caractère bien différent : celui-ci *riait toujours;* celui-là *pleurait sans cesse.*

Ceci désigne une chose plus proche, *cela* désigne une chose plus éloignée. Exemple : *Je n'aime pas ceci; donnez-moi cela.*

-----

(1) Quand *tout* signifie *entièrement*, il suit la même règle : *ils sont* tout *interdits : elles sont* tout *interdites*, etc. (c'est-à-dire *entièrement* interdits).

12° Le mot *personne* employé comme *pronom*, est du masculin; on dit : *Je ne connais* personne *plus heureux que lui*. Mais *personne* employé comme *nom* est du féminin : cette personne est très-*heureuse*.

On ne dit plus, *un chacun*, *un quelqu'un*.

REMARQUES SUR LES VERBES.

I. Le nominatif ou sujet, soit nom, soit pronom, se place après le verbe : 1° quand on interroge. Exemples : *Que penseront de vous* les honnêtes gens, *si vous n'êtes pas sage? Irai*-je? *Viendras*-tu? *Est*-il *arrivé?*

Quand le verbe qui précède *il, elle, on*, finit par une voyelle, on ajoute un *t* devant *il, elle, on*. Exemple : *Appelle-t-il? Viendra-t-elle? Aime-t-on les paresseux?*

L'usage ne permet pas toujours cette manière d'interroger à la première personne, parce que la prononciation en serait rude et désagréable. Ne dites pas : *Cours-je? Mens-je? Dors-je? Sors-je?* etc. Il faut prendre un autre tour, et dire : *Est-ce que je cours? Est-ce que je mens? Est-ce que je dors?*

2° Le nominatif se met encore après le verbe, quand on rapporte les paroles de quelqu'un. Exemple : *Je me croirai heureux, disait* un bon roi, *quand je ferai le bonheur de mes sujets.*

3° Après *tel, ainsi*. Exemple : *Tel était* son avis. *Ainsi mourut* cet homme.

4° Après les verbes impersonnels. Exemple : *Il est arrivé* un grand malheur.

II. On ne doit se servir du prétérit *défini* qu'en parlant d'un temps absolument écoulé, et dont il ne reste plus rien. Ainsi ne dites pas, j'étudiai *aujourd'hui, cette semaine, cette année*, parce que le jour, la semaine, l'année, ne sont pas encore passés : ne dites pas non plus : j'étudiai *ce matin :* il faut, pour le prétérit *défini*, qu'il y ait l'intervalle d'un jour : mais on dit bien, j'étudiai *hier, la semaine dernière, l'an passé*, etc.

Le prétérit *indéfini* s'emploie indifféremment pour un temps passé, soit qu'il en reste encore une partie à écouler, ou non. On dit bien : j'ai étudié *ce matin*, j'ai étudié *hier* j'ai étudié *cette semaine*, j'ai étudié *la semaine passée* etc.

III. A quel temps du subjonctif faut-il mettre le verbe qui suit la conjonction *que*, quand elle régit ce mode?

Première règle. Quand le premier verbe est au présent ou au futur, mettez au présent du subjonctif le second verbe qui est après *que*.

Exemples.

Il faut...
Il faudra} *que vous* soyez *plus attentif.*

Deuxième règle. Quand le premier verbe est à l'un des prétérits, mettez le second verbe à l'imparfait du subjonctif.

Exemples.

Il fallait....
Il fallut ...
Il a fallu. . .} *que vous* fussiez *plus attentif.*
Il eût fallu. .
Il aurait fallu

REMARQUES SUR LES PRÉPOSITIONS.

1° Ne confondez pas *autour* et *à l'entour*, *autour* est une préposition, et elle est toujours suivie d'un régime : *autour d'un trône; à l'entour* n'est qu'un adverbe, et il n'a point de régime; *il était sur son trône, et ses fils étaient* à l'entour.

2° Ne confondez pas *avant* et *auparavant; avant* est une préposition, et elle est suivie d'un régime; *avant l'âge, avant le temps : auparavant* n'est qu'un adverbe, et il n'a point de régime; *ne partez pas sitôt, venez me voir auparavant.*

3° *Au travers* est suivi de la préposition *de : au travers des ennemis; à travers* n'en est pas suivi; on dit : *à travers les ennemis.*

REMARQUES SUR LES ADVERBES.

1° *Plus* et *davantage* ne s'emploient pas toujours l'un pour l'autre; *davantage* ne peut être suivi de la préposition *de*, ni de la conjonction *que*. On ne dit pas, *il a davantage de brillant que de solide;* mais *plus* de *brillant.* On ne dit pas, *il se fie* davantage *à ses lumières* qu'à *celles des autres;* mais *il se fie* plus *à ses lumières.*

Davantage ne peut s'employer que comme adverbe.

Exemple : *La science est estimable, mais la vertu l'es;
bien* davantage.

2° Ne confondez pas l'adverbe *près de*, qui signifie *sur
le point de*, avec l'adjectif *prêt à*, qui signifie *disposé à*.
On ne dit point, *il est* prêt à *tomber;* mais, *il est* près de
tomber.

Ne confondez pas *à la campagne* et *en campagne :* ce
dernier ne se dit que du mouvement des troupes, *l'armée
est* en *campagne;* mais il faut dire : *j'ai passé l'été* à la
campagne.

REMARQUES SUR LE RÉGIME.

Règle. Un nom peut être régi par deux adjectifs ou par
deux verbes à la fois, pourvu que ces adjectifs et ces verbes
ne veuillent pas un régime différent.

Exemples. Cet homme est utile et cher à sa famille.

Cet officier attaqua et prit la ville.

Mais on ne peut pas dire, *cet homme est utile et chéri
de sa famille*, parce que l'adjectif *utile* ne peut régir *de
sa famille.* On ne peut pas dire : *cet officier attaqua et
se rendit maître de la ville*, parce que le verbe *attaquer*
ne peut régir *de la ville.*

CHAPITRE XI.

DE L'ORTHOGRAPHE.

L'ORTHOGRAPHE est la manière d'écrire correctement tous
les mots d'une langue.

ORTHOGRAPHE DES NOMS.

1° La première lettre des noms propres, des noms de
dignité, doit être une lettre capitale : *Pierre, Paris,
Roi, Prince.*

2° Tous les noms qui ne finissent point par *s* au singulier, en prennent une au pluriel. Exemples : *un jardin
charmant; des jardins charmans.*

3° Quoiqu'on écrive *honneur* avec deux *nn*, il n'y en a
qu'une dans *honorer.*

4° On écrit avec *mp compte, compter*, pour signifier *supputer;* avec *m* seulement *comte, comté*, titre, dignité; avec une *n conte, conter*, pour signifier *raconter.*

5° On écrit avec *mp champ*, pour signifier *terre;* et avec *nt chant*, pour signifier l'action de *chanter.*

6° On écrit ainsi *faim*, besoin de manger: et *fin*, le terme où finit une chose : *la mort est la* fin *de la vie.*

Mots en ace *et en* asse.

On écrit ainsi par *ce, glace, besace, grimace, espace, place, race, grâce*, etc.

Et par *sse, terrasse, basse, grasse :* tous les imparfaits du subjonctif de la première conjugaison : *j'aimasse, j'appelasse*, etc.

Mots en ance *et en* ence.

On écrit par *a* les mots suivans : *abondance, constance, vigilance, distance*, etc.

Et par *e prudence, conscience, absence, clémence, éloquence*, etc. (On suit à cet égard l'orthographe latine : *abundantia, prudentia.*)

Mots en èce *et en* esse.

On écrit ainsi par *ce, nièce, pièce*, et par *sse, adresse, blessé, paresse*, etc.

Mots en ice *et en* isse.

On écrit ainsi par *ce, calice, office, artifice, précipice*, etc.

Et par *sse, écrevisse, réglisse, jaunisse;* tous les imparfaits du subjonctif de la deuxième et de la quatrième conjugaison, *je finisse, je rendisse.*

Mots en sion, tion, xion, ction.

On écrit par une *s appréhension, dimension, pension, convulsion, ascension*, etc. Et par *t attention, condition, agitation, discrétion*, etc. Prononcez *attension, condicion*, etc.

Remarque : t conserve sa prononciation dans les noms où il est précédé d'une *s* ou d'un *x; question, indigestion, mixtion.*

On écrit par *x* *fluxion*, *réflexion*, *complexion*, *génuflexion*, etc.; et par *ct* *action*, *distinction*, *séduction*, *prédilection*, etc.

(Ces observations ne peuvent être réduites en règles générales ; la lecture, le dictionnaire et l'usage doivent seuls en tenir lieu.)

ORTHOGRAPHE DES VERBES.

PRÉSENT DE L'INDICATIF.

Singulier. 1° *Si la première personne finit* par *e*, *j'aime, j'ouvre*, etc., on ajoute *s* à la seconde : la troisième est semblable à la première. Exemple : *j'aime, tu aimes, il aime.*

2° Si la première personne finit par *s*, ou *x*, la seconde est semblable à la première ; la troisième finit ordinairement en *t* : *je finis, tu finis, il finit.* (Dans quelques verbes, la troisième personne se termine en *d* ; il *rend*, il *vend*, il *prétend*.)

Pluriel. Le pluriel, dans toutes les conjugaisons, se termine toujours par *ons, ez, ent* : *nous aimons, vous aimez, ils aiment* ; *nous finissons, vous finissez, ils finissent.*

IMPARFAIT DE L'INDICATIF.

Il se termine toujours de cette manière : *ais, ais, ait, ions, iez, aient.*

J'aimais, tu aimais, il aimait, nous aimions, vous aimiez, ils aimaient.

PRÉTÉRIT DE L'INDICATIF.

Le prétérit *défini* a quatre terminaisons : *ai, is, us, ins*, de cette manière :

J'aimai, tu aimas, il aima, nous aimâmes, vous aimâtes, ils aimèrent.

Je finis, tu finis, il finit, nous finîmes, vous finîtes, ils finirent.

Je reçus, tu reçus, il reçut, nous reçûmes, vous reçûtes, ils reçurent.

Je devins, tu devins, il devint, nous devînmes, vous devîntes, ils devinrent.

FUTUR DE L'INDICATIF.

Il se termine toujours ainsi : *rai, ras, ra, rons, rez, ront.*

J'aimerai, *tu aimeras*, *il aimera*, *nous aimerons*, *vous aimerez*, *ils aimeront*.

Je recevrai, *tu recevras*, *il recevra*, *nous recevrons*, *vous recevrez*, *ils recevront* (1).

CONDITIONNEL PRÉSENT.

Il se termine toujours ainsi : *rais*, *rais*, *rait*, *rions*, *riez*, *raient*.

J'aimerais, *tu aimerais*, *il aimerait*, *nous aimerions*, *vous aimeriez*, *ils aimeraient*.

Je recevrais, *tu recevrais*, *il recevrait*, *nous recevrions*, *vous recevriez*, *ils recevraient*.

PRÉSENT DU SUBJONCTIF.

Il se termine toujours ainsi : *e*, *es*, *e*, *ions*, *iez*, *ent*.

Que j'aime, *que tu aimes*, *qu'il aime*, *que nous aimions*, *que vous aimiez*, *qu'ils aiment*.

IMPARFAIT DU SUBJONCTIF.

Il y a quatre terminaisons : *asse*, *isse*, *usse*, *insse* ; de cette manière :

J'aimasse, *tu aimasses*, *il aimât*, *nous aimassions*, *vous aimassiez*, *ils aimassent*.

Je finisse, *tu finisses*, *il finît*, *nous finissions*, *vous finissiez*, *ils finissent*.

Je reçusse, *tu reçusses*, *il reçût*, *nous reçussions*, *vous reçussiez*, *ils reçussent*.

Je devinsse, *tu devinsses*, *il devînt*; *nous devinssions*, *vous devinssiez*, *ils devinssent*.

Observez que les secondes personnes plurielles des verbes ont ordinairement un *z* à la fin.

REMARQUES

SUR L'ORTHOGRAPHE DES PRONOMS, ADVERBES, etc.

Leur ne prend jamais *s* à la fin, quand il est joint à un verbe ; alors il signifie *à eux*, *à elles* : *ces enfans ont été sages*, *je* leur *donnerai un prix*.

Leur, suivi d'un nom pluriel, prend l'*s* : alors il signifie *d'eux*, *d'elles* : *un père aime ses enfans*; *mais il n'aime pas* leur *défauts*.

---

(1) N'écrivez pas *je recevErai*, *je rendErai*; on ne met *E* devant *rai* qu'à la première conjugaison.

On ne met point d'accent sur *o* dans *notre, votre*, quand ils sont devant un nom : *votre père, notre maison :* mais on met un accent circonflexe sur *ô* dans *le nôtre, le vôtre, la nôtre, la vôtre*. Exemple : Mon *livre est plus beau que le vôtre*.

On met un accent grave sur *là*, adverbe de lieu ; *allez là :* on n'en met point sur *la*, article : la *mère ;* ni sur le pronom féminin *la ; je* la connais.

On met un accent grave sur *où* adverbe de lieu : *où allez-vous ?*

On n'en met point sur *ou* conjonction : *c'est vous* ou *moi.*

On met un accent grave sur *à*, préposition : je vais *à Paris.*

On n'en met point sur *a* troisième personne du verbe *avoir :* il a *de l'esprit.*

On met un accent circonflexé sur *dû*, participe du verbe *devoir ; rendez à chacun ce qui lui est* dû : on n'en met point sur *du* article ; *la lumière du soleil.*

DE L'APOSTROPHE.

L'apostrophe (') marque le retranchement d'une de ces trois lettres, *a, e, i*.

a, e, suivis d'une voyelle ou d'une *h* muette, se retranchent dans *le, la, je, me, te, se, de, ne, que, ce*.

Le, on dit : *l'ami, l'enfant, l'instinct, l'oiseau, l'univers, l'honneur*, pour *le enfant*, etc.

La, on dit : *l'abeille, l'épée, l'intention, l'oisiveté*, pour *la abeille, la épée*, etc.

Je, on dit : *j'apprends, j'étudie, j'honore, j'oublie*, etc., pour *je apprends*, etc.

Me, on dit : *vous m'aimez, vous m'estimez, vous m'instruisez*, pour *me aimez*, etc.

Te, on dit : *je t'avertis, je t'ennuie, je t'invite*, etc., pour *te avertis*, etc.

Se, on dit : *il s'amuse, il s'ennuie, il s'instruit, il s'occupe*, pour *se amuse*, etc.

De, on dit : *beaucoup d'apparence, d'ignorance, d'orgueil*, pour *de apparence*, etc.

Ne, on dit : *je n'aime pas, je n'estime pas, il n'obéit pas*, pour *ne aime*, etc.

3.

Que, on dit : *qu'avez-vous fait?* *qu'importe?* pour que *avez-vous fait?* etc.

Ce, on dit : *c'est la vérité*, pour *ce est*, etc.

E, à la fin des mots *quelque*, *entre*, *jusque*.

Quelque perd *e* devant *un*, *autre*, quelqu'*un*, quel-qu'*autre*.

Entre, perd *e* devant *eux*, *elle*, *autre*, entr'*eux*, entr'*elles*, entr'*autres*.

Jusque, perd *e* devant *à*, *au*, *aux*, *ici* : jusqu'à *Paris*, jusqu'au *Ciel*, jusqu'*ici*.

I se retranche dans le mot *si*, devant *il*, *ils* : s'il *arrive*, s'ils *viennent*.

DU TRAIT-D'UNION.

Le *trait-d'union* (-) se met entre les verbes et *je*, *me*, *moi*, *toi*, *tu*, *nous*, *vous*, *il*, *ils*, *elle*, *elles*, *le*, *la*, *les*, *lui*, *leur*, *y*, *en*, *ce*, *on*, quand ces mots sont placés après le verbe.

Exemples. *Irai-je? viens-tu? donnez-lui; achevera-t-il? viendra-t-elle? a-t-on fait? prenez-en.*

On met encore le trait-d'union entre deux mots tellement joints ensemble qu'ils n'en font plus qu'un : *chef-d'œuvre*, *courte-pointe*, *avant-coureur*.

DU TRÉMA.

Le *tréma* (¨). On appelle ainsi deux points placés sur les voyelles *e*, *i*, *u*, quand ces lettres doivent être prononcées séparément de la voyelle qui précède, comme *ciguë*, *naïf*, *Saül*, etc. (1).

DE LA CÉDILLE.

La *cédille* (ç). On appelle ainsi une petite figure qu'on met sous le *c* devant *a*, *o*, *u*, pour avertir qu'il doit avoir le son de *s*, comme dans *façon*, *leçon*, *façade*, *reçu*.

DE LA PARENTHÈSE.

La *parenthèse*. On appelle ainsi deux crochets ( ) dans lesquels on renferme quelques mots détachés. Exemple : *Celui qui évite d'apprendre* (dit le Sage) *tombera dans le mal*.

---

(1) On met le tréma sur l'*e* muet, et non pas sur l'*u* des huit mots suivans : aiguë, ambiguë, il arguë, béguë, bésaiguë, ciguë, contiguë, exiguë, afin qu'on ne prononce point ces mots comme ceux-ci : *Langue*, *harangue*, *fatigue*, etc.

DE LA PONCTUATION.

Il y a six marques pour indiquer en écrivant les endroits du discours où l'on doit s'arrêrer.

1º La virgule (,) se met après les noms, les adjectifs, les verbes qui se suivent.

Exemple. *La candeur, la docilité, la simplicité, sont les vertus de l'enfance.*

La charité est douce, patiente, bienfaisante.

La virgule sert encore à distinguer les différentes parties d'une phrase.

Exemple. *L'étude rend savant, et la réflexion rend sage.*

2º Le point avec la virgule (;) se met entre deux phrases dont l'une dépend de l'autre.

Exemple. *La douceur est, à la vérité, une vertu; mais elle ne doit pas dégénérer en faiblesse.*

3º Les deux points (:) se mettent après une phrase finie, mais suivie d'une autre qui sert à l'étendre ou à l'éclaircir.

Exemple. *Il ne faut jamais se moquer des misérables : car qui peut s'assurer d'être toujours heureux?*

4º Le point (.) se met à la fin des phrases, quand le sens est entièrement fini.

Exemple. *Le mensonge est le plus bas de tous les vices.*

5º Le point interrogatif (?) se met à la fin des phrases qui expriment une interrogation.

Exemple. *Quoi de plus beau que la vertu?*

6º Le point d'admiration (!) se met après les phrases qui expriment l'admiration.

Exemples. *Qu'il est doux de servir le Seigneur!*

Qu'il est glorieux de mourir pour son Roi!

COMPLÉMENT
DE LA GRAMMAIRE DE LHOMOND
Par M. VALPÊTRE (1).

DE LA PROPOSITION.

La Proposition est l'énonciation d'un jugement.

Lorsque, par la pensée, j'ajoute à l'idée de Dieu celle de sa bonté, et que j'établis ce rapport au moyen d'un mot qui lie ces deux idées, cette opération de mon esprit est un *jugement :* mais si j'exprime ce rapport, *Dieu est bon,* par la parole ou par écrit, alors c'est une *proposition.*

La plus simple proposition doit avoir au moins trois mots exprimés ou sous-entendus, savoir, le *sujet,* l'*attribut* et le verbe *être* qui lie les deux autres.

Ainsi, *Dieu est bon,* est une proposition composée du *sujet* Dieu, de l'*attribut* bon et du *lien* est.

> L'*homme est reconnaissant,*
> Les *enfans sont dociles,*
> Les *sciences sont utiles,*

sont autant de propositions composées des mêmes élémens que la première.

Chaque personne d'un verbe adjectif est une proposition, parce que, par l'analyse, on y trouve le *sujet,* le verbe *être* et l'*attribut.* J'aime, est pour *je suis aimant;* tu lis, est pour *tu es lisant;* nous chanterons, est pour *nous serons chantans,* etc.

Une seule des trois parties de la proposition, le sujet, peut représenter la proposition entière : alors les deux autres parties sont sous-entendues.

Une proposition peut même être sous-entendue en entier; mais alors un modificatif la remplace.

Lorsqu'à cette question, *qui vous nourrit ?* on répond :

---

(1) Le dépôt de ce *Complément à la Grammaire Française de l'Homond* par M. Valpêtre, ayant été fait, je saisirai comme contrefaçon tout exemplaire qui ne sera pas revêtu de ma griffe.

Dieu; c'est comme si l'on répondait : *Dieu est nourrissant moi.* Ici le verbe et l'attribut sont sous-entendus.

Qui est malade? *Moi :* c'est-à-dire *je* ou *moi suis malade.* Encore le verbe et l'attribut sous-entendus.

Êtes-vous malade? *Oui :* c'est-à-dire *cela est entendu,* ou *je suis malade.*

Dormiez-vous? *Jamais :* c'est-à dire *je* ne *suis* jamais *dormant.* Dans cette dernière proposition rappelée par l'adverbe *jamais*, aucun des trois mots constitutifs n'est exprimé.

La proposition peut être composée d'un plus ou moins grand nombre de mots accessoires; mais c'est toujours le *sujet,* le verbe *être* et l'*attribut* qui en sont les élémens; les autres mots ne sont que des modificatifs des trois premiers.

EXEMPLE : L'*homme* vigilant *est* toujours *pourvu* des ressources utiles à la vie.

VIGILANT modifie le sujet *homme;* TOUJOURS modifie le verbe *est;* de RESSOURCES UTILES modifie l'*attribut pourvu.*

Les infinitifs des verbes sont employés quelquefois comme sujets ou comme attributs.

EXEMPLES : *Étudier* avec soin *est* le *moyen* de s'instruire.

Croire qu'on ne sait rien, *c'est apprendre* beaucoup.

La même phrase peut renfermer plusieurs propositions : alors elles sont ou *absolues*, c'est-à-dire indépendantes des autres ; ou *incomplètes*, c'est-à-dire sous la dépendance d'une autre qui, pour cette raison, s'appelle *complétive;* ou enfin *incidentes*, lorsqu'elles retombent sur le sujet ou sur l'attribut d'une autre proposition qui, dans ce cas, est appelée *principale.*

EXEMPLES : *Les ignorans ne doutent de rien; le vrai mérite se tient caché.*

Voilà deux propositions qui expriment chacune un sens complet, et peuvent être isolées sans que l'une souffre de l'absence de l'autre.

Les enfans ne savent pas combien il est utile de s'instruire.

On voit, dans cet exemple, que la première proposition, *les enfans ne savent pas,* est incomplète, et a besoin d'être suivie de la seconde, *combien il est utile de s'instruire*, qui la complète.

Les connaissances qui conduisent à la vertu sont préférables à celles qui mènent à la fortune.

Le rapport que ces diverses propositions ont entre elles, est facile à saisir : *Qui conduisent à la vertu*, se rapporte au sujet de la proposition, *les connaissances sont préférables*, et le modifie ; et *qui mènent à la fortune* retombe sur *celles*, qui fait partie de l'attribut de la seconde, et est, par conséquence, une proposition *incidente*.

DE L'ANALYSE.

L'Analyse a pour objet : 1° La décomposition des phrases, afin d'en faire connaître les parties, les espèces de mots qui les composent, et déterminer le rôle que chaque mot y remplit, pour en établir l'orthographe ; ce qui constitue l'*analyse grammaticale*. 2° La décomposition des phrases ou périodes en propositions *absolues*, *incomplètes*, *complétives*, *principales*, *incidentes* ; ce qui est du ressort de l'*analyse logique* ou raisonnée.

ANALYSE GRAMMATICALE.

Pour que l'analyse grammaticale soit complète, il faut bien distinguer l'espèce de chaque mot.

Si c'est un SUBSTANTIF OU NOM, en dire le *genre*, le *nombre* et le rôle comme *sujet* ou *régime*.

Si c'est un ARTICLE, en dire le *genre*, le *nombre*, et quel mot il détermine.

Un ADJECTIF, en faire connaître le *genre* et le *nombre*, et le nom ou pronom qu'il qualifie et avec lequel il s'accorde.

Un PRONOM, le *genre* et le *nombre*, et le mot dont il tient la place.

Un VERBE, la *conjugaison* à laquelle il appartient, le *mode*, les *temps*, la *personne*, le *nombre*, la *voix*, active ou passive, et l'*espèce*.

Un PARTICIPE, présent ou passé, *variable* ou *non*, et la raison.

Une PRÉPOSITION, quels mots elle met en rapport et la nature de ce rapport.

Un ADVERBE, son *caractère*, l'espèce de mot qu'il modifie et celui d'où il découle.

Une CONJONCTION, si elle unit deux mots de la même espèce, ou deux propositions, deux phrases.

Une INTERJECTION, quel sentiment elle exprime, la *joie*, ou la *douleur*, l'admiration, ou la *surprise*, etc.

ANALYSES GRAMMATICALES

APPLIQUÉES A DES PHRASES GRADUÉES.

I. Dieu est bon.

Dieu   Substantif propre, masculin singulier, sujet de *est*.

est   Verbe substantif être, 4ᵉ conjugaison, 3ᵉ personne sing. du présent de l'indicatif.

bon.   Adjectif masculin singulier, qualifiant *Dieu*.

II. Dieu a créé les hommes, les animaux, les plantes et les minéraux.

Dieu   Substantif propre, masculin singulier, sujet de *a créé*.

a   Verbe auxiliaire avoir, 3ᵉ conjugaison, 3ᵉ personne du singulier du présent de l'indicatif.

créé   Participe passé, masculin singulier, du verbe créer, formant avec l'auxiliaire *a* la 3ᵉ personne singul. du passé défini; invariable, son régime direct étant après.

les   Article simple, masculin pluriel, déterminant *hommes*.

hommes   Substant. commun masc. plur., régime direct de *a créé*.

les   Article simple, masculin pluriel, déterminant *animaux*.

animaux   Substantif commun, masculin pluriel, régime de *a créé*.

les   Article commun, féminin pluriel, déterminant *plantes*.

plantes   Substantif, féminin pluriel, régime de *a créé*.

et   Conjonction copulative.

les   Article simple, masculin pluriel, déterminant *minéraux*.

minéraux.   Substantif commun, pluriel masculin, régime de *a créé*.

III. Nous admirons la sagesse du Créateur dans les plus petites choses, et sa puissance éclate autant dans l'être microscopique que dans l'éléphant et la baleine.

Nous   Pronom de la 1ʳᵉ personne plurielle, sujet de *admirons*.

admirons   Verbe actif, 1ʳᵉ conjugaison, 1ʳᵉ personne plurielle du présent de l'indicatif.

la   Article simple, féminin singulier, déterminant *sagesse*.

sagesse   Substantif commun, féminin singulier, régime direct de *admirons*.

du   Article composé pour *de* préposition, et *le* article masculin singulier.

Créateur   Substantif masc. singulier, régime de la préposition *de*.

dans   Préposition, mot invariable, marquant le rapport entre *sagesse* et *choses*.

les   Article simple, pluriel féminin, déterminant *choses*.

plus   Adverbe, modifiant *petites*.

petites	Adjectif féminin pluriel, qualifiant *choses*.
choses	Substantif commun, pluriel féminin, régime de la préposition *dans*.
et	Conjonction, liant la 1re phrase à la 2e.
sa	Adjectif possessif, féminin singulier, se rapportant à *puissance*.
puissance	Substantif commun, féminin singulier, sujet de *éclate*.
éclate	Verbe neutre, 1re conjugaison, 3e personne du singul. du présent de l'indicatif.
autant	Adverbe de quantité comparative.
dans	Préposition.
l' pour *le*	Article simple, masculin singulier, déterminant *être*.
être	Substantif commun, masculin singulier, régime de la préposition *dans*.
microscopique	Adjectif masculin singulier, qualifiant *être*.
que	Conjonction, liant *être* à *éléphant*.
dans	Préposition.
l'	Article simple, masculin singulier, déterminant *éléphant*.
éléphant	Substantif commun, masculin singulier, régime de *dans*.
et	Conjonction, joignant *éléphant* à *baleine*.
la	Article simple, féminin singulier, déterminant *baleine*.
baleine.	Substantif commun, féminin singulier, régime de *dans*, sous-entendu.

IV L'homme laborieux surmonte tous les obstacles qu'il rencontre dans la carrière qu'il a embrassée.

Le	Article simple, masculin singulier, déterminant *homme*.
homme	Nom commun, masculin singulier, sujet de *surmonte*.
laborieux	Adjectif masculin singulier, qualifiant *homme* avec lequel il s'accorde.
surmonte	Verbe, 4e conjugaison, 3e personne du singulier du présent de l'indicatif actif.
tous	Adjectif masculin pluriel, se rapportant à *obstacles* avec lequel il s'accorde.
les	Article simple, masculin pluriel, déterminant *obstacles*.
obstacles	Nom commun, masculin pluriel, régime de *surmonte*.
que	Pronom relatif à *obstacles*, masculin pluriel, régime de *rencontre*.
il	Pronom de la 3e personne, masculin singulier, remplaçant *homme* et sujet de *rencontre*.
rencontre	Verbe actif, 1re conjugaison, 3e personne du singulier du présent de l'indicatif.
dans	Préposition, ayant pour complément la *carrière*.
la	Article simple féminin singulier, déterminant *carrière*.
carrière	Nom commun, fémin. sing., régime de la préposition *dans*.

que   Pronom relatif à *carrière*, régime de *a embrassée*.

il   Pronom 3ᵉ personne, masculin singulier, remplaçant *homme*, sujet de *a*.

a   Verbe auxiliaire, 3ᵉ pers., singul. du présent de l'indicatif.

embrassée. Participe passé, féminin singulier, s'accordant avec son régime direct *carrière*, représenté par *que*, placé avant. Ce participe forme avec l'auxiliaire *a* la 3ᵉ personne singulière du passé indéfini du verbe *embrasser*.

V. La crainte du Seigneur est le commencement de la sagesse.

La   Article simple, féminin singulier, déterminant *crainte*.

crainte Substantif commun, féminin singulier, sujet de *est*.

du   Article composé de la préposition *de* et de l'article *le*, mettant en rapport *crainte* et *Seigneur*.

Seigneur Substantif commun et propre, masculin singulier, régime de la préposition *de*.

est   Verbe substantif, 4ᵉ conjugaison, au présent de l'indicatif, 3ᵉ personne du singulier.

le   Article simple, masculin singulier, déterminant *commencement*.

ommence-ment Substantif commun, maculin singulier, complément de *est*.

de   Préposition, mettant en rapport *commencement* et *sagesse*.

la   Article simple, féminin singulier, déterminant *sagesse*.

sagesse. Substantif commun, féminin singulier, régime de la préposition *de*.

Autres Phrases à analyser par les élèves.

Nous devons préférer l'étude au jeu.

Le bien que nous faisons à nos semblables n'est pas perdu pour nous.

L'étude est l'aliment de l'esprit, comme le pain et le vin sont les alimens du corps.

Lorsque nous faisons du bien aux hommes, attendons-nous à les trouver ingrats; et n'ambitionnons d'autre récompense, que celle qui résulte du plaisir d'avoir bien fait.

N. B. La connaissance de l'analyse grammaticale est indispensable à quiconque veut apprendre l'orthographe.

PHRASES A ANALYSER LOGIQUEMENT.

« L'étude est très-utile : les enfans raisonnables sont convaincus qu'il faut s'y livrer constamment. Mais on en rencontre peu qui se conduisent d'après ce principe. D'où vient que la plupart négligent d'étudier? »

Ces phrases renferment sept propositions :

1ʳᵉ L'étude est très-utile.   *Absolue.*

2° Les enfans... sont convaincus.   *Incomplète.*

3° Il faut s'y livrer.   *Complétive.*

4ᵉ On en rencontre.	*Principale.*
5ᵉ Qui se conduisent.	*Incidente.*
6° D'où vient.	*Interrogative incomplète.*
7° Tous négligent.	*Incidente complétive.*

Les trois mots constitutifs de la proposition sont faciles à reconnaître dans les exemples ci-dessus.

On dit du sujet qu'il est *simple*, lorsqu'il n'exprime qu'un seul être ou des êtres de même espèce ; comme : l'*étude* est préférable aux plaisirs ; les *plaisirs* ruinent la santé.

Le sujet est *composé*, quand il exprime des êtres d'espèce différente : la *prudence*, la *justice*, la *force*, et la *tempérance* sont la base de toutes les vertus.

L'attribut est *simple* quand il n'exprime qu'une manière d'être du sujet : *le roi est clément ; le peuple combat*, pour *est combattant*.

L'attribut est composé, lorsqu'il exprime plusieurs manières d'être du sujet : *Le roi est puissant, clément et juste ; le peuple obéit et travaille* pour *est obéissant et travaillant*.

Le sujet et l'attribut sont *incomplexes*, lorsqu'ils n'ont aucun complément ; et ils sont *complexes* lorsqu'ils sont accompagnés de mots qui en complètent le sens.

RÈGLES DES PARTICIPES.

1° Le participe présent, qu'il ne faut pas confondre avec l'adjectif verbal également terminé en *ant*, est invariable, quel que soit le sujet auquel il se rapporte.

Exemples :

Mes amis *ayant* sous les yeux d'aussi bons exemples, ne *voulant* jamais s'écarter de la bonne voie, *aimant* et *pratiquant* la justice, *ayant* toujours rempli leurs devoirs, ne *briguant* que l'approbation des hommes de bien, ne trahiront jamais la confiance dont ils sont honorés.

Ce qui distingue le participe présent de l'adjectif verbal, c'est que ce dernier admet le verbe être que le participe présent repousse. *Exemples :* Cette personne est *obligeante* ; et c'est en *obligeant* les autres qu'elle s'en fait aimer. Les plaisirs sont *séduisans* ; et c'est en nous *séduisant* qu'ils nous perdent. Les enfans sont *caressans* ; et c'est en les *caressant* avec excès qu'on les gâte, etc., etc.

2° Le participe passé, seul ou accompagné du verbe être, s'accorde, à la manière des adjectifs, avec le nom ou pronom auquel il est joint.

Exemples :

Des ouvrages *terminés*, des affaires *terminées*. Des

hommes *avilis*, des femmes *avilies*. Cette fille est *tombée, partie, arrivée*; ces personnes sont *tombées, parties, arrivées*. Qu'est *devenue* cette beauté tant *vantée?* Que sont *devenus* ces conquérans tant *vantés?* Une foule de personnes sont *accourues*; la plupart sont *restées* stupéfaites. Elles se sont *plues* à me contrarier. *Accoutumées* à médire, vos sœurs se font détester (c'est-à-dire étant *accoutumées*).

3° Le participe passé, précédé du verbe avoir, reste invariable, quand il n'a point de régime ou complément direct, ou quand ce régime direct est placé après lui.

Exemples :

Nous avons *chanté*. Vous avez *écrit*. Ils ont *fui*. Elles ont *paru*. Vous avez *lu* la lettre. Elles ont *paru* jolies. Que vous avez *eu* de peines. Que vous avez *causé* d'inquiétudes. Combien ces dames ont-elles *passé* d'années à Paris? etc.

4° Le participe passé accompagné du verbe *avoir* ou du verbe *être* employé pour *avoir*, est variable, et s'accorde en genre et en nombre avec son régime direct, *lorsqu'il en est précédé* (1).

Exemples raisonnés de tous les cas possibles.

N. B. Les régimes directs et les participes sont soulignés.

La lettre *que* j'ai *écrite*, vous *l'*avez *lue*. Mesdames, je *vous* ai *aperçues*. Ces gravures, je *les* ai *achetées*. Voilà les personnes *que* j'ai *plaintes*. Que de *malheurs* il a *causés!* Combien d'*années* il a *passées* à Paris! Les chagrins *que* m'a *causés* cet enfant. Ces dépenses on *les* a *crues* nécessaires (on a cru *elles* nécessaires). Elles *se* sont *frappées* (elles ont frappé *elles-mêmes*, représenté par *se*). Elles *se* sont *déchirées* (elles ont déchiré *elles-mêmes*). Nous *nous* étions *vantés* (nous avions vanté *nous-mêmes*). Ces dames *se* sont *rendues* célèbres (ces dames ont rendu *elles-mêmes* célèbres).

Les acteurs *que* nous avons *vus* jouer. Les actrices que nous avons *vu siffler*. (Dans le premier cas on a vu les ac-

---

(1) Le régime direct est le mot qui répond à l'interrogation *qui* ou *quoi*. Ce ne peut être qu'un *substantif*, un *pronom*, un *verbe à l'infinitif* représentant les personnes ou les choses. L'indirect répond à *de qui*, de *quoi*, à *qui*, à *quoi* : il est ordinairement représenté par les mots *en*, *lui*, *leur*, *y*, *me* pour à moi, *te* pour à toi, *se* pour à soi, etc.

teurs qui jouaient; dans le second on a vu siffler, c'est-à-dire quelqu'un qui sifflait les actrices). Les oiseaux *que* j'ai *admirés* chanter (j'ai admiré *eux* chantant). Ma montre *que* j'ai *envoyée* à raccommoder (j'ai envoyé *ma montre* pour être raccommodée). Ma montre que j'ai *envoyé chercher* (j'ai envoyé chercher, c'est-à-dire quelqu'un pour chercher ma montre). Les ouvriers *que* j'ai *laissés* travailler (j'ai laissé *eux* travaillant). Je les ai *laissé battre*. J'ai *laissé* battre eux; j'ai souffert que quelqu'un *battît* eux; *les* est régime de *battre*, et non de *laissé*. Je *les* ai *laissés* battre leurs camarades. Je *les* ai *laissés* battre par leurs camarades. (Dans cet exemple, *battre* est pour *être battus*; j'ai laissé eux être battus par leurs camarades.) C'est en analysant les phrases que l'on parvient à trouver le véritable régime direct, souvent difficile à reconnaître.

Ils *se* sont *écoutés* parler (ils ont écouté *eux-mêmes* parlant). Ils se sont *écouté dire* des injures (ils ont écouté dire, c'est-à-dire quelqu'un qui disait des injures à eux). Cette dame *s'est laissée* tomber (cette dame a laissé elle-même tomber, a abandonné elle-même à la chute) Cette femme s'est *vue* contrainte de partir (elle a vu *soi* ou *elle-même* contrainte de partir). Elle s'est *vu contraindre* à payer (elle a vu contraindre, c'est-à-dire quelqu'un qui contraignait elle à payer). Ces soldats *qu'*on a *faits* prisonniers (on a fait les *soldats* prisonniers). Ceux qu'on a *fait pendre* (on a fait *pendre* eux, on a ordonné de pendre eux). Ils *se* sont *faits* soldats (ils ont fait *eux* soldats). Ils se sont *fait pendre* (ils ont fait *pendre* eux, ils ont mis quelqu'un dans le cas de pendre eux). La maison que j'ai *vu bâtir* (j'ai vu bâtir, c'est-à-dire quelqu'un qui bâtissait la maison). Celle *que* j'ai *vue* brûler (elle brûlait). Les papiers que j'ai *vu brûler* (on les brûlait). La personne *que* j'ai *vue* peindre (c'était elle qui peignait). La personne que j'ai *vu peindre* (on la peignait). La cloche *que* j'ai *entendue* sonner (elle sonnait). La cloche que j'ai *vu sonner*. (J'ai vu sonner, c'est-à-dire elle qu'on sonnait.) La cloche que j'ai *voulu sonner* (j'ai voulu *sonner* la cloche). Nous avons *obtenu* toutes les *faveurs* que nous avons *voulu* (obtenir). Je lui ai *rendu* tous les *services* que j'ai *pu* (lui *rendre*).

Les livres *que* vous n'avez point *voulus* (vous n'avez point voulu les *livres*). Les sciences que vous n'avez pas *voulu m'enseigner* (vous n'avez pas voulu m'*enseigner* les sciences). Les maux *que* j'avais *prévus*. Les maux que j'avais *prévu que vous éprouveriez* (j'avais prévu que vous éprouveriez les maux). Ma sœur *s'est servie* de vos livres (elle a servi *elle-même*). Une réunion *s'est opérée*. Il *s'est opéré* une réunion. Cette maison *s'est vendue* cher. Dans ces trois exemples et autres semblables, le participe s'accorde avec le sujet du verbe *être*). Cette personne *s'est coupée* (elle a coupé *elle-même*). Elle *s'est coupé le doigt* (elle a coupé le *doigt* à soi). Elle *s'est imaginé* bien *des choses* (elle a imaginé *bien des choses* en elle-même). Les choses *qu'*elle *s'est imaginées* (*lesquelles choses* elle a imaginées en elle-même). Elle *s'est proposé de faire un voyage* (elle a proposé à elle-même de faire un voyage). Elle *s'est proposée* pour modèle à ses enfans (elle a proposé elle-même pour modèle à ses enfans).

Le *peu* de docilité (c'est-à-dire le défaut de docilité) que vous m'avez *témoigné*. Le peu d'*amis* (c'est-à-dire les amis peu nombreux) *que j'ai conservés*. J'ai *lu* plus de livres que vous n'en avez *acheté* (que vous n'avez acheté *de cela*, des livres). J'ai *éprouvé* bien des malheurs : Combien n'en as-tu pas *éprouvé?* (n'as-tu pas éprouvé *de cela*, des malheurs)? Cette place est plus grande que je ne *l'aurais cru* (c'est-à-dire qu'elle était grande). Votre mère est plus instruite que nous ne nous *l'étions imaginé* (que nous n'a-vions imaginé qu'elle était instruite).

Ils ont *passé* dans le deuil *les jours* qu'ils ont *existé* (c'est-à-dire les jours pendant lesquels ils ont existé). Les sommes que cette maison a *coûté* (on ne peut pas dire coû-ter les sommes). Les soins que vous m'avez *coûtés* (c'est-à-dire procurés, causés). Les honneurs que cette place m'a *valus* (c'est-à-dire procurés). Les cent francs que ce che-val a *valu* (c'est-à-dire pour lesquels ce cheval a *eu* de la valeur).

Les grandes chaleurs qu'il y a *eu* (c'est-à-dire qui ont *été, existé*). Les orages qu'il a *fait* cet été. (Les orages n'ont pas fait, mais ont *été, existé*).

Récapitulation en une phrase.

J'ai *assisté* à la leçon que vous avez *faite*; j'y ai *prêté* toute mon attention; j'en ai *profité*; je me la suis *gravée* dans l'esprit; j'en ai *parlé* à mes amis qui l'ont *goûtée*; les fruits que j'en ai *retirés*, vous les avez *reconnus*; je ne les ai point *laissés* perdre, parce que je les ai *crus* nécessaires à la carrière que j'ai *résolu* de suivre.

Remarque.

On voit par tous les exemples qui précèdent qu'une seule règle suffit à la solution de toutes les difficultés que peut présenter le participe passé précédé ou suivi d'un régime direct, ou sans régime apparent, pourvu que l'on sache bien faire l'analyse qui fait découvrir ce régime, ou qui en constate l'absence.

Remarque sur certains verbes.

Les verbes *entrer, sortir, descendre, passer*, sont employés quelquefois activement ; alors ils ont un régime et suivent la règle développée ci-dessous.

Exemples :

Les meubles qu'on a *entrés* dans la maison, qu'on a *sortis* du salon ; qu'on a *descendus* du grenier ; qu'on a *passés* d'une chambre dans l'autre. Le verbe tomber est neutre, il ne saurait avoir de régime direct. Ainsi on ne doit point dire : *J'ai tombé ma plume ; j'ai tombé dans la rue ; je me suis tombé ; on a tombé cette maison ;* mais il faut dire : *j'ai laissé* tomber ma plume, ou ma plume est *tombée ;* je me suis *laissé* tomber ; cette dame s'est *laissée* tomber, ou est *tombée ;* on a fait *tomber* cette maison, ou mieux, on l'a *démolie.*

Les participes *passé* et *cessé* se conjuguent avec l'auxiliaire *être* lorsqu'ils expriment un état, une situation, une manière d'être, et alors ils ne sont suivis d'aucun complément : dans ce cas ils prennent le genre et le nombre du sujet. C'est ainsi qu'il faut écrire : l'heure est *passée ;* ma sœur que vous attendiez, est *passée ;* les troupes qui devaient arriver, sont *passées ;* la peste est *cessée ;* les troubles sont *cessés ;* la fièvre qui le tourmentait, est *cessée.*

Ces mêmes participes prennent l'auxiliaire *avoir* et restent invariables, lorsqu'ils expriment une action, et dans ce cas ils sont suivis d'un complément. On écrira donc : l'heure a *sonné* lorsque je suis arrivé ; ma sœur a *passé* lorsque j'étais absent ; les troupes ont *passé* par la ville ; la peste a *cessé* tout-à-coup ; les troubles ont *cessé* à l'arrivée du prince ; la fièvre a *cessé* par l'emploi des remèdes.

BIBLIOTHEQUE ROYALE I

LISTE
DES MOTS DANS LESQUELS LA LETTRE *H* EST ASPIRÉE.

ha.	Hanau.	harper.	hic.	houraillis.
hâbleur.	hanche.	harpon.	hideux.	houret.
hache.	hanebane.	harpie.	hie.	hourder.
hagard.	haneton.	hart.	hiérarchie.	hourdi.
haha.	hangar.	hazard.	hisser.	houri.
hahalie.	hanscrit.	hâse.	hobereau.	hourque.
hahé.	hanse.	hast.	hobin.	hourvarie.
haie.	hansière.	hâte.	hoc.	housche.
baie.	hanter.	hatereau.	hoca.	housé.
haillon.	hapalanthe.	hâteur.	hoche.	houseaux
Hainaut.	happe.	hâtier.	hochepot.	houspiller.
haine.	happelourde.	haubans.	hocher.	houssaie.
haineux.	happer.	haubert.	hochet.	houssard.
haïr.	haquenée.	hauteur.	holà !	housse.
haire.	haquet.	Havanne.	Hollande.	housseaux.
halage.	harangue.	hâve.	hollander.	housser.
halbran.	haras.	haveneau.	homard.	housseux.
hâle.	harasser.	havet.	hongre.	houssine.
halener.	harceler.	havir.	Hongrie.	housson.
haleter.	hard.	havre.	honnir.	houx.
halle.	harde.	havre-sac.	honte.	hoyau.
hallebarde.	harder.	hé !	hoquet.	huarc.
hallebreda.	hardes.	heaume.	hoqueton	huche.
hallier.	hardi.	hem !	horde.	huer.
haloir.	hareng.	hennir.	horion.	huette.
halot.	Harfleur.	Henri.	hormis.	huguenot.
halotechnie.	hargneux.	hérault.	hors.	huit.
halte.	haricot.	hère.	hotte.	hulotte.
halurgie.	haridelle.	hérisser.	houblon.	humer.
Ham.	Harlay.	hernie.	houe.	hune.
hamac.	Harlem.	héron.	houille.	Huningue.
hamagogue.	harnois.	héros.	houle.	hupe.
Hambourg.	haro.	herse.	houlette.	hure.
hameau	harpail.	Hesse.	houpe.	hurler.
hampe.	harpe.	hêtre.	houpelande.	Huron.
han.	harpeau.	heurter.	houper.	hussard.
hanap.	harpegement	hibou.	houpier.	hutte.

FIN DE LA GRAMMAIRE.

TABLE
DE MULTIPLICATION.

2 fois 2 font 4		5 fois 5 font 25		9 fois 9 font 81	
2	3	6	5	6	30	9	10	90
2	4	8	5	7	35	9	11	99
2	5	10	5	8	40	9	12	108
2	6	12	5	9	45	9	13	117
2	7	14	5	10	50	9	14	126
2	8	16	5	11	55	9	15	135
2	9	18	5	12	60			
2	10	20	5	13	65	10 fois 10 font 100		
2	11	22	5	14	70	10	11	110
2	12	24	5	15	75	10	12	120
2	13	26				10	13	130
2	14	28	6 fois 6 font 36			10	14	140
2	15	30	6	7	42	10	15	150
			6	8	48			
3 fois 3 font 9		6	9	54	11 fois 11 font 121		
3	4	12	6	10	60	11	12	132
3	5	15	6	11	66	11	13	143
3	6	18	6	12	72	11	14	154
3	7	21	6	13	78	11	15	165
3	8	24	6	14	84			
3	9	27	6	15	90	12 fois 12 font 144		
3	10	30				12	13	156
3	11	33	7 fois 7 font 49			12	14	168
3	12	36	7	8	56	12	15	180
3	13	39	7	9	63			
3	14	42	7	10	70	13 fois 13 font 169		
3	15	45	7	11	77	13	14	182
			7	12	84	13	15	195
4 fois 4 font 16		7	13	91			
4	5	20	7	14	98	14 fois 14 font 196		
4	6	24	7	15	105	14	15	210
4	7	28						
4	8	32	8 fois 8 font 64			15 fois 15 font 225		
4	9	36	8	9	72	15	16	240
4	10	40	8	10	80	15	17	255
4	11	44	8	11	88	15	18	270
4	12	48	8	12	96	15	19	285
4	13	52	8	13	104	15	20	300
4	14	56	8	14	112			
4	15	60	8	15	120			

Paris. — Imprimerie de J. MORONVAL, rue Galande, 65.

BIBLIOTHÈQUE ROYALE

www.ingramcontent.com/pod-product-compliance
Lightning Source LLC
LaVergne TN
LVHW020216030726
842520LV00003B/1110